京华通览

西山永定河文化带

主编／段柄仁

U0726522

图解颐和园

定界／著

北京出版集团公司

北京出版社

图书在版编目（CIP）数据

图解颐和园 / 定界著. — 北京 ：北京出版社，
2018.10
（京华通览）
ISBN 978-7-200-13496-4

Ⅰ. ①图… Ⅱ. ①定… Ⅲ. ①颐和园—图解 Ⅳ.
①K928.73-64

中国版本图书馆CIP数据核字（2017）第266561号

出版人　曲　仲
策　划　安东　于虹
项目统筹　刘迪　陶宇辰
责任编辑　陶宇辰
封面设计　田　晗
版式设计　云伊若水
责任印制　燕雨萌

　　本书中部分图片由全景网、颐和吴老提供。为了保留京华古韵和突出本丛书的特色，在本丛书封面和扉页等处设计了"京华通览"繁体字样式，以作为本丛书的特有标志，其他出版物非经同意不得使用。

京华通览
图解颐和园
TUJIE YIHE YUAN
定界　著
*
北 京 出 版 集 团 公 司
　　　　　　　　　　　　　　　出版
北 京 出 版 社
（北京北三环中路6号）
邮政编码：100120

网　址：www.bph.com.cn
北京出版集团公司总发行
新 华 书 店 经 销
天津画中画印刷有限公司印刷
*
880毫米×1230毫米　16开本　13.25印张　65千字
2018年10月第1版　2022年11月第2次印刷
ISBN 978-7-200-13496-4
定价：88.00元

如有印装质量问题，由本社负责调换

质量监督电话：010-58572393

序　擦亮北京"金名片"

段柄仁

北京是中华民族的一张"金名片"。"金"在何处？可以用四句话描述：历史悠久、山河壮美、文化璀璨、地位独特。

展开一点说，这个区域在70万年前就有远古人类生存聚集，是一处人类发祥之地。据考古发掘，在房山区周口店一带出土的远古居民的头盖骨被定名为"北京人"。这个区域也是人类都市文明发育较早、影响深远之地。据记载，早在3000年前，就形成了燕、蓟两个方国之都，之后又多次作为诸侯国都、割据势力之都；元代作为全国政治中心，修筑了雄伟壮丽、举世瞩目的元大都；明代以此为基础进行了改造重建，形成了今天北京城的大格局；清代仍以此为首都。北京作为大都会，其文明引领全国、影响世界，被国外专家称为"世界奇观""在地球表面上，人类最伟大的个体工程"。

北京人文的久远历史和生生不息的发展，与其山河壮美、宜生宜长的自然环境紧密相连。北京坐落在华北大平原北缘，"左环沧海，右拥太行，南襟河济，北枕居庸""龙盘虎踞，形势雄伟，南控江淮，北连朔漠"，是我国三大地理单元——华北大平原、东北大平原、蒙古高原的交汇之处，是南北通衢的纽带，东西连接的龙头，东北亚环渤海地区的中心。这块得天独厚的地域，不仅极具区位优势，而且环境宜人、气候温和、四季分明。在高山峻岭之下，有广阔的丘陵、缓坡和平川沃土，永定河、潮白河、拒马河、温榆河和蓟运河五大水系纵横交错，如血脉遍布大地，使其顺理成章地成为人类祖居、中华帝都、中华人民共和国首都。

这块风水宝地和久远的人文历史，催生并积聚了灿烂文化，文物古迹星罗棋布，不少是人类文明的顶尖之作，已有1000余项被确定为文物保护单位。周口店遗址、明清皇宫、八达岭长城、天坛、颐和园、明清帝王陵和大运河被列入世界文化遗产名录，60余项被列为全国重点文物保护单位，220余项被列为市级文物保护单位，40片历史文化街区，加上环绕城市核心区的大运河文化带、长城文化带、西山永定河文化带和诸多的历史建筑、名镇名村、非物质文化遗产，以及数万种留存至今的历史典籍、志鉴档册、文物文化资料，《红楼梦》、京剧等文学艺术，早已成为传承历史文明、启迪人们智慧、滋养人们心灵的瑰宝。

中华人民共和国成立后，北京发生了深刻的变化。作为国家首都的独特地位，使这座古老的城市成为全国现代化建设的领头雁。《北京城市总体规划（2016年—2035年）》的制定和中共中央、国务院的批复，确定了北京是全国政治中心、文化中心、国际交往中心、科技创新中心的性质和建设国际一流的和谐宜居之都的目标，大大增加了这块"金名片"的含金量。

伴随国际局势的深刻变化，世界经济重心已逐步向亚太地区转移，而亚太地区发展最快的是东北亚的环渤海地区、京津冀地区，而北京正是这个地区的核心，建设以北京为核心的世界级城市群已被列入实现"两个一百年"奋斗目标、中国梦的国家战略。这就又把北京推向了中国特色社会主义新时代谱写现代化新征程壮丽篇章的引领示范地位，也预示了这块热土必将更加辉煌的前景。

刘丁北京这张"金名片"，如何精心保护，全面展示其风貌，尽力挖掘其能量，使之永续发展、永放光彩并更加明亮？这是摆在北京人面前的一项历史性使命，一项应自觉承担且不可替代的职责，需要做整体性、多方面的努力。但保护、展示、挖掘的前提是对它的全面认识，只有认识才会珍惜，才能热爱，才可能尽心尽力、尽职尽责，创造性完成这项释能放光的事业。而解决认识问题，必须做大量的基础文化建设和知识普及工作。近些

年，北京市有关部门在这方面做了大量工作，先后出版了《北京通史》（10卷本）、《北京百科全书》（20卷本），各类志书近900种，以及多种年鉴、专著和资料汇编等，为擦亮北京这张"金名片"做了可贵的基础性贡献。但是这些著述大多是服务于专业单位、党政领导部门和教学科研人员。如何使其承载的知识进一步普及化、大众化，出版面向更大范围群众的读物，是当前急需弥补的弱项。为此我们启动了《京华通览》系列丛书的编写，采取简约、通俗、方便阅读的方法，从有关北京历史文化的大量书籍资料中，特别是卷帙浩繁的地方志书中，精选当前广大群众需要的知识，尽可能满足北京人以及关注北京的国内外朋友进一步了解北京的历史与现状、性质与功能、特点与亮点的需求，以达到"知北京、爱北京，合力共建美好北京"的目的。

这套丛书的内容紧紧围绕北京是全国的政治、文化、国际交往和科技创新四个中心，涵盖北京的自然环境、经济、政治、文化、社会等各方面的知识，但重点是北京的深厚灿烂的文化。突出安排了"历史文化名城""西山永定河文化带""大运河文化带""长城文化带"四个系列内容。资料大部分是取自新编北京志，并进行压缩、修订、补充、改编。也有从已出版的北京历史文化读物中优选改编和针对一些重要内容弥补缺失而专门组织的创作。作品的作者大多是在北京志书编纂中实干型的骨干人物和在北京史志领域著述颇丰的知名专家。尹钧科、谭烈飞、吴文涛、张宝章、郗志群、姚安、马建农、王之鸿等都有作品奉献。从这个意义上说，这套丛书中不少作品也可称"大家小书"。

总之，擦亮北京"金名片"就是使蕴藏于文明古都中的丰富多彩的优秀历史文化"活"起来，充满时代精神和首都特色的社会主义创新文化强起来，进一步展现其真善美，释放其精气神，提高其含金量。

2017年11月

颐和园全图

A **B** **C** **D**

1

西宫门
德兴殿
半壁桥
船坞
界湖桥
耕织图景区
澄怀阁
迎旭楼
五圣祠
贝阙
石舫
临河殿
清晏舫（石舫）
延清赏楼
画中游
湖山真意
听鹂馆馆饭庄
湖
石桥
后
平台亭
后
挑远斋
荇清轩
知春堂
涵远斋
澹宁堂
隔新楼
紫气东来
益寿堂
潘宁堂
长生院
景福阁
多宝琉璃塔
松堂
须弥灵境遗址
香岩宗印之阁
智慧海
佛香阁
宝云阁（铜亭）
苏州街
东
妙觉寺
会芳堂遗址
清可轩遗址
云会寺
丁香院
善现寺
介寿堂
清华轩
排云殿
渡船口
秋水亭
千峰彩翠
重翠亭
写秋轩
国花台
无尽意轩
长廊
对鸥坊
鱼藻轩
清遥亭
福荫轩
齐云轩
云松巢
邀月门
乐寿堂
水木自亲
宜芸馆
玉澜堂
知春亭
渡船口
德和园
颐乐殿
德和园
仁寿殿
耶律楚材祠
餐厅
文昌馆
文昌阁
东宫门
东宫门
东
D

C

昆
明
湖

东
堤
铜牛
渡船码头
十七孔桥
廓如亭
涵虚堂
龙王庙
鉴远堂
南湖岛
渡船口
新宫门
C

B

2

苏州街
宫门
万寿山
佛香阁
东宫门
东
南湖岛
新宫门
西宫门
十七孔桥
玉带桥
镜桥
西
练桥
藻鉴堂
杨观堂
治镜阁遗址
绣漪桥（锣锅桥）
柳桥
堤
明
昆
东堤
后
3

4

1 2 3 4

目　录

中国园林之冠——颐和园

　　颐和园是中国古代最杰出的皇家园林，被誉为"中国园林之冠"。颐和园前身为清漪园，坐落在北京西郊，距城区 15 千米，是"三山五园"中最后动工修建的皇家园林。颐和园是以昆明湖、万寿山为基址，模仿杭州西湖，借鉴江南园林的造园手法而建成的一座大型山水园林。

乾隆造园

　　清乾隆年间，凭借强盛的国力，清廷屡屡修建御苑行宫，先后在北京西北郊改建和扩建玉泉山的静明园、香山的静宜园、万寿山的清漪园以及畅春园和圆明园，其中清漪园就是颐和园的前身。清漪园在皇家"三山五园"的园林体系中有其独有的特色。香山的静宜园是山地园。玉泉山的静明园以山景见长，兼有小型水景之胜，但缺少开阔的大水面。唯独西湖是西北郊最大的天然湖泊，它与瓮山共同形成了"北山南湖"的绝佳地貌结构。

　　清漪园是"三山五园"中完全按照乾隆的旨意修建的，其余四园都是在前朝旧园基础之上改建或扩建的。乾隆根据万寿山和昆明湖的有利地势，在宏大的皇家园林气势之下，结合江南园林的柔美和秀丽，运用"虽由人作，宛自天开"的造园理念，打造出了这一"融南化北"的园林巅峰之作。

　　清漪园内的建筑是以全国各地的建筑精华为蓝本而仿造的。南部的昆明湖仿造杭州西湖的风格，就连西堤也有

▲ 仿岳阳楼修建的景明楼

西湖苏堤的影子；湖上六桥更是西湖六桥的翻版。西堤上的景明楼模仿岳阳楼，南湖岛上的望蟾阁模仿武汉黄鹤楼，十七拱桥模仿卢沟桥，惠山园模仿无锡惠山寄畅园，苏州街更是江南特色的写照……

▲ 清漪园的蓝本——杭州西湖（花港观鱼）

瓮山的来历

瓮山是颐和园里万寿山的旧称，关于"瓮山"这个名字，在北京西郊流传着一个很有意思的故事。

传说很久以前，瓮山那里是一片沼泽地，生活在瓮山周围的老百姓都很穷。而在瓮山的半山腰，人们建了一座财神庙，祈愿财神爷保佑家家户户发财。财神爷果然善心大发，在每年四月十五赶庙会这天显灵，帮助当地的穷人发财。

穷人们发财后相继过上了好日子，导致附近的财主和官员们也患上了"红眼病"。其中，瓮山西南的大财主王有财就是一个贪得无厌的人。于是，四月十五这天，他穿着破衣烂衫，装扮成叫花子模样上瓮山去赶庙会。但是，他在庙会的人群里晃悠了一整天也没有撞见财神爷。

回到家后的王有财累得倒头就睡着了。在梦里，王有财看见瓮山的财神庙里走出来两小孩，他们说要去后山的一棵松树底下挖一瓮金豆，然后把那瓮金豆埋在瓮山西边的穷人大老李家西屋的旮旯里。他们还说，大老李的孩子在眉尖上长有一颗痦子。但是，两小孩在挖出金豆后，不小心把一块瓮上的瓦片留在了原地。正在这时，王有财着急得从梦中惊醒了。

醒来后，王有财直奔那棵梦中的瓮山松树，没想到在树下真的发现了破瓦片。他捡起瓦片，心里盘算着去找大老李，找那瓮金豆。

翌日，王有财来到瓮山西边，果然在青龙桥找到了大老李，而且大老李当天初得一子，那孩子的眉尖上还真有一颗痦子。似乎王有财梦中所见是真的。

为了得到金豆，老谋深算的王有财故意接近大老李。几天后，他提着礼品来到大老李家，恭贺大老李喜得贵子。如此时间一长，他和大老李便熟识了。

一天，一场大雨过后，大老李家的房子塌了。王有财抓住机会，建议大老李搬到他家的房子去住，大老李也爽快地答应了。等到大老李搬走后，王有财立刻来到大老李家的西屋里开始挖金豆。然而，他挖出来的只是一个小瓮，并且当场被瓮里钻出的几条毒蛇咬伤，不久便一命呜呼了。

后来，大老李搬回青龙桥旧居。就在他着手盖新房时，意外地挖出了一瓮金豆，而这正是王有财梦中见到的那瓮金豆。也正是因为这瓮金豆，挖出金豆的山就被人们叫作"瓮山"。

▲ 湖水映照下的万寿山又多了一份静谧的韵味

"庚申火劫"

清咸丰十年（1860年），英法联军攻占北京，火烧圆明园、清漪园、静宜园、静明园等皇家园林。紧接着，清政府被迫与列强先后签订《天津条约》和《北京条约》。由于这一年为农历庚申年，史称"庚申之变"。

英法联军制造的"庚申火劫"，使得存世100多年的清漪园在战火中满目疮痍，除了不怕火的宝云阁铜殿和一些石制建筑，园内几乎片瓦不存，只剩一片废墟。中华民族的优秀文化遗产惨遭浩劫。可想而知，当年曾经辉煌无比的风景胜地清漪园在一场大火中毁于一旦后是怎样的凄惨景象。

▲ "庚申火劫"后留下的宝云阁铜殿

重建清漪园

在这一时期，中国的政局发生了剧烈的变化，一个女人打败政敌而成为整个帝国的实际统治者，她就是后来的慈禧太后。慈禧掌权后，不满足于宫内的红墙黄瓦，于是以皇帝的名义下令重修清漪园，但最终因国库空虚和朝臣的极力反对而作罢。光绪年间，时任海军大臣的醇亲王奕譞以在昆明湖开设海军学堂的名义，擅自挪用海军军费重修清漪园。1888年，慈禧太后以光绪皇帝的名义公开宣布重建清漪园是为了给太后"颐养冲和"，并正式改名为"颐和园"。颐和园建成后，慈禧太后经常到此游览。就在慈禧太后准备在园中庆贺自己六十大寿时，中日甲午战争爆发。中国陆军两次惨败于日军，经营多年的新式海军也不堪一击，全军覆没。战败的消息接连不断，全国一片愤慨之声。在这种情况下，慈禧太后不得不终止在颐和园庆寿的打算，宣布"所有庆辰典礼，着在宫中举行，其颐和园受贺事宜，即行停办"。战后，海军衙门被撤销，颐和园修建工程也被迫停止。

▲ 颐和园东宫门旧照

庚子之乱

光绪二十六年（1900年）即农历庚子年，八国联军侵华，慈禧太后带着光绪帝仓皇西逃。8月15日，俄国侵略军首先进入颐和园，随后意大利、英国侵略军相继入园，并在此盘踞一年有余。虽然这次西方列强没有大量烧毁园内建筑，但室内文物陈列被洗劫一空，内外装修也遭到了很大的破坏。可以说，庚子

▲ 八国联军中的俄国士兵在颐和园四大部洲的残垣断壁下留影

之乱是颐和园所遭遇的第二场浩劫，不仅对清政府的皇家建筑造成了破坏，也大大挫伤了清政府的"国威"。

光绪二十八年（1902年），回京之后的慈禧太后冒天下之大不韪，立即动用巨款再次重修颐和园。例如，当时由于西苑电灯公所和颐和园电灯公所的发电设备均被毁坏，清政府竟筹银12.49万两重修了这两处发电设备。同年五月，颐和园的电灯又重新亮了起来。

颐和园的新生

1912年，中华民国成立后，皇家园林颐和园获得了新的生机。1914年，颐和园曾短暂对外开放。

▲ 颐和园仁寿门前"世界遗产"碑

1924年，颐和园被全面辟为开放式公园。1928年，国民政府开始接收和管理颐和园，该园遂成国家级公园，并且正式对外开放。

1949年中华人民共和国成立后，政府曾多次拨出专款对颐和园进行修葺。1961年，颐和园被国务院列为全国重点文物保护单位，并且被评为"中国四大名园"之一（其余三处为河北承德避暑山庄和江苏苏州拙政园、留园）。1998年，颐和园被联合国教科文组织的世界遗产委员会列入《世界遗产名录》。2007年，颐和园被国家旅游局列为国家AAAAA级景区。2009年，中国世界纪录协会将颐和园评为"中国现存最大的皇家园林"。

现在，历史悠久的颐和园正迎接着来自世界各地的游客。

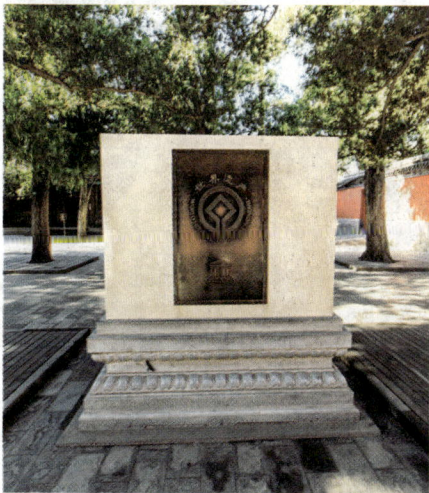

颐和园简史

乾隆十五年（1750年），在瓮山圆静寺旧址上兴建"大报恩延寿寺"，为皇太后钮祜禄氏祝寿。

乾隆十六年（1751年），正式命名万寿山和昆明湖为"清漪园"。

乾隆二十九年（1764年），清漪园全部完工。

咸丰十年（1860年），英法联军侵入颐和园，园内大部分建筑被烧毁。

光绪十二年（1886年），恢复昆明湖水操，在"耕织图"旧址兴建水操内学堂。

光绪十四年（1888年）二月初一，光绪帝发布上谕，改清漪园为"颐和园"。

光绪二十年（1894年），颐和园修复工程全部完成。

光绪二十六年（1900年），义和团运动爆发，外国军队进驻颐和园。

光绪二十八年（1902年），慈禧太后与光绪帝返回北京，立即动用巨款修缮被破坏的颐和园。

光绪三十年（1904年），慈禧太后在颐和园举办庆祝七十寿辰的"万寿庆典"。

1914年，颐和园作为溥仪的私产售票开放。

1924年，溥仪被逐出宫，颐和园收归国有，成为国家的公园。

1926年，京畿卫戍司令王怀庆将颐和园交还清室办事处，成立清室办事处经理颐和园事务所。

1928年7月1日，颐和园被南京国民政府内政部接收，始成公园。

1948年12月13日，人民解放军控制了颐和园。

1998年12月，联合国教科文组织的世界遗产委员会认定颐和园为"世界文化遗产"。

▲ 颐和园东宫门前铜狮

▲ 颐和园北宫门前石狮

解读神奇的颐和园

　　颐和园占地约 290 公顷，其中水域面积约占 3/4。园中的景物建筑达 100 多处，大小院落 20 余间，亭、台、楼、阁、轩、榭、廊等古建筑 3000 余间，古树名木 1600 余株，是我国现存的古代园林中规模最大、保存最完整、文化价值最高的皇家园林。这座杰出的皇家园林，这处山水互映的自然景观，这段神奇美妙的传说，无不吸引着海内外游客驻足游览，流连忘返……

建造者们

郭守敬治理水系

郭守敬（1231—1316），字若思，今河北邢台人，元朝天文学家、水利专家、数学家。郭守敬天性聪明，尤其擅长水利工程建设。他曾拜水利学家刘秉忠为师，之后被刘秉忠介绍给张文谦，之后又被张文谦推荐给元世祖忽必烈。

元中统三年（1262年），在京城上都被元世祖召见时，郭守敬就提出了关于水利建设的若干建议，其中一条建议就是修复当时的中都（今北京）到通州（今北京通州区）的漕运河道，即今天的通惠河。元世祖采纳了郭守敬的建议，并任命他为"提举诸路河渠"，主持该水利工程。中统四年（1263年），郭守敬升任银符副河渠使。

▲ 通州京杭大运河古道遗址

▲ 北京高碑店漕运文化广场

元至元十三年（1276年），元大都（今北京）基本建成。在大都的水利建设中及以后，郭守敬的治水理念和才华得到了充分展现，其中既包括大都的供水、漕运系统和灌溉水源等，也包括各类功能完善的河湖水道系统。具体措施分为四部分：其一，引用玉泉山水解决中都到通州的漕运问题，即缺水问题。其二，重开金代已废弃的金口河，将浑河（今永定河）水引入运河，既解决了漕运问题，又解决了灌溉水源问题。其三，引玉泉山水至皇宫太液池，一方面可供皇家饮用，另一方面补充了园林的用水问题。其四，开通通惠河，贯通了南北大运河。

正是实施了郭守敬的重大治水举措，元大都才形成了"两入、两出、两蓄"的独特水系格局，不但顺利地实现了漕运、灌溉，解决了城市用水等问题，也强化了大都城的分区特色，街市建筑与水风貌实现了完美结合，还带动了经济的繁荣和文化的交流，确保了大都作为国家政治、经济、文化、军事中心的地位。

乾隆皇帝治水

清朝乾隆初年，京西地区因为园林不断增多而导致用水量与日俱增。当时，园林用水主要以万泉河水系为主、玉泉山水系为辅，但是前者流量较小，后者最终流入了西湖。

为了解决大量的园林用水问题，也为了给周围农田提供灌溉用水，乾隆十五年（1750年），乾隆皇帝下令拓挖西湖，并新挖高水湖和养水湖。自此，"三湖"（西湖、高水湖和养水湖）作为蓄水库发挥了很大的作用。

"三湖"的水源来自西山、玉泉山和寿安山，也就是通过拦截三座山的流水而成湖。后来，乾隆帝将西湖更名为昆明湖，瓮山改名为万寿山。其中，昆明湖得名于汉武帝挖昆明池操练水军的典故，而万寿山则是由挖湖后残留的土方堆积而成。

"样式雷"家族

"样式雷"即清代宫廷建筑匠师雷姓世家，该家族在清代主持了全部皇家建筑的设计，世袭主要代表为雷发达、雷金玉、雷声征等。雷氏家族起初主要聚居在北京宛平县海淀村槐树街，后于咸丰十一年（1861年）迁居城内。

雷发达（1619—1693），字明所，"样式雷"鼻祖。祖籍江西永修，后迁居江苏金陵（今南京）。清康熙二十二年（1683年），他参加了皇宫的修建工程，得到康熙帝赏赐。

雷金玉（1659—1729），字良生，"样式雷"第二代传人。康熙年间参与营造了畅春园。雍正年间主持了圆明园扩建工程的设计和营造。自此，"样式雷"声名鹊起。

雷声征（1729—1792），字藻亭，"样式雷"第三代传人。乾隆年间参与"三山五园"的建造。

雷家玺（1764—1825），字国贤，"样式雷"第四代传人。设计或主持过的工程包括圆明园、绮春园建设工程，嘉庆陵寝工程，宁寿宫花园工程。

雷景修（1803—1866），字先文，号白璧，"样式雷"第五代传人。曾参与过清西陵、慕东陵、圆明园等的设计和建造。

雷思起（1826—1876），号禹门，"样式雷"第六代传人。设计、营造过清东陵，参与重修圆明园，以及惠陵、永陵、三海工程等。

雷廷昌（1845—1907），字辅臣、恩绶，"样式雷"第七代传人。设计、营造过惠陵、东陵、崇陵，以及颐和园、西苑等工程。

雷献彩（1877—？），字霞峰，"样式雷"第八代传人。参与过圆明园、颐和园、西苑、崇陵、摄政王府、正阳门等工程。

▲ 清代"样式雷"先祖画像之一

▲ 清代"样式雷"先祖画像之二

颐和园的总设计师雷廷昌

在清朝,"样式雷"家族基本上世袭了清廷工部的样式房掌案一职,其中雷廷昌是最后一任,同时也是北京地区成就最高的建筑师。

雷廷昌的父亲是雷思起,父子俩先后设计和营造过很多工程,包括咸丰帝、同治帝、光绪帝和慈禧太后等人的皇家陵寝,以及圆明园、颐和园和三海工程等。其中,颐和园的复建工程是由雷廷昌设计的,因而他被称作颐和园的总设计师。

据传,雷氏家族自雷廷昌之后便衰落了,但他们留下了大量的图档(工程图纸和烫样),目前国内有 2 万多件,有一些流散到了国外。

奕譞挪用海军军费造园

醇亲王奕譞作为铁帽子王和晚清重要的政治人物,曾在历史舞台上扮演过重要的角色,也干过荒唐的事情。奕譞在任职海军衙门的时候曾挪用海军经费修建颐和园,其目的当然是为了巴结讨好慈禧太后,博取主子的欢心。但就在颐和园工程建设最要紧的阶段,京师和直隶地区发生了特大水灾。当时,翰林院编修吴兆泰(1851—1910)上奏折建议暂停颐和园工程,结果被慈禧太后罢了官,要不是湖广总督张之洞等人力保的话,还可能丢了性命。即使面对如此困局,奕譞仍然不动声色地修完了颐和园。但极具讽刺意味的是,就在颐和园建成后不久即光绪十七年(1891 年),奕譞也一命呜呼了。

奕譞检阅北洋海军 ▶

意境手法

总体布局——福山寿海

颐和园的总体布局被形容为"福山寿海"，这与最初的设计理念有关。当年，负责为颐和园设计图纸的是"样式雷"第七代传人雷廷昌。皇家要求建成后的园林要能表现出"福、禄、寿"的气象。作为一代能工巧匠，雷廷昌经过深思熟虑后决定在"福"字和"寿"字上做文章。最后，他拿出了如下方案。

▲ 对鸥舫

"福"：雷廷昌使用了形声假借，即用"福"字的同音字"蝠"，也就是蝙蝠。这是怎么回事呢？原来，以万寿山佛香阁为对称轴设计出周围的建筑物，再和自然景物照应，就形成了一只栩栩如生的"蝙蝠"。其中，"蝙蝠"的头是万寿山下濒临昆明湖北岸的轮廓线，因为它的形状明显呈弓形；"蝙蝠"的嘴是头部（轮廓线弧顶正中）凸出的部分，即排云门游船码头；"蝙蝠"的身躯是整个万寿山，以及山后的后湖；"蝙蝠"的双翼分别是佛香阁向左右伸展的两条长廊；"蝙蝠"的前爪分别是两条长廊探入水面的建筑，即对鸥舫和渔藻轩。就这样，一只恰似振翅欲飞的"蝙蝠"问世了，以此寓意多福。

"寿"：雷廷昌设计了一个人工湖，即昆明湖，并且将它挖成了寿桃形状。当然，在平地上看不出"寿桃"的全貌。如果登上万寿山，俯视昆明湖，湖的轮廓颇像一个大寿桃。其中，昆明湖偏向东南的长河闸口形成了"寿桃"的歪嘴；颐和园西宫门外的引水河道恰恰是"寿桃"的梗蒂；斜穿昆明湖的西堤则像是"寿桃"的沟痕。此外，在湖中小岛间还设计了十七孔桥，形状像龟颈，寓意像龟一样长寿。

现在，人们通过卫星遥感技术从高空中拍摄到的颐和园正是"福山寿海"的格局。

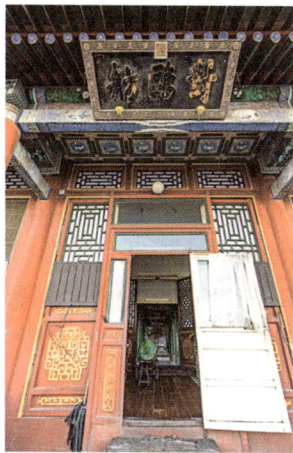

▲ 从佛香阁上俯瞰昆明湖

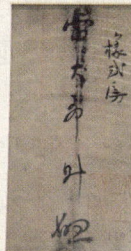

移天缩地在君怀

晚清诗人王闿运在《圆明园词》中写道："谁道江南风景佳，移天缩地在君怀。"这里的"移天缩地"指的是中国古典园林中的造景艺术，即模仿各种山河名胜造出相似的景观。那么，被誉为"皇家园林博物馆"的颐和园是不是也运用了"移天缩地"的造园手法呢？答案是肯定的。

颐和园的总体布局是以杭州西湖为蓝本的。对比颐和园、西湖的布局就会发现两者的相同之处，即北面是山，南面是水（湖），西

▲ 杭州西湖苏堤

面有堤，水中有岛。其中，颐和园的堤叫西堤，西湖的堤叫苏堤，而西堤就是仿照苏堤建的，包括西堤上的六座造型优美的桥也有意地模仿了"苏堤六桥"。众所周知，"苏堤春晓"曾是"西湖十景"中的第一景，而西堤上桃柳成行，春色不比"苏堤春晓"逊色。此外，西湖中有三岛（小瀛洲、湖心亭、阮公墩），昆明湖中也有三岛（治镜阁岛、藻鉴堂岛、南湖岛），后者明显地借鉴了前者的布局。

颐和园除了在整体上仿照杭州西湖之外，园内的部分景观同时还模仿了其他的江南著名园林、山水名胜、人文景观等。比如，谐趣园仿照的是无锡寄畅园，凤凰墩仿照的是江苏太湖。再如，望蟾阁仿照的是武汉黄鹤楼，景明楼仿照的是岳阳楼。还有，后溪湖买卖街仿照的是苏州水街，西所买卖街仿照的是扬州二十四桥。凡此种种，不一而足。

颐和园仿制了天下美景，集天下美景于一身，让人在一园之内便能欣赏到各种世间美景，真可谓是"移天缩地在君怀"。

▲ 无锡寄畅园

海岛仙山

海岛仙山也叫一池三山或一池三岛，是中国古典园林中的一种造园意境构成方式（造境方式）。其中，"海岛"或"一池"是指湖泊或大池，象征东海；"三山"或"三岛"是指神话传说中东海里的三座仙山，即蓬莱、方丈和瀛洲。

"一池三山"起源于道家的神仙思想。传说中东海有三座仙山，仙山上有仙人，仙人有长生不老药……

秦朝时，秦始皇由于梦想长生不老，多次派遣使臣前往东海寻找道教传说中的东海仙境和长生不老药，但均告失败。因为并未找到仙山和长生不老药，秦始皇便造了一座园林——兰池宫，以满足自己对于仙境的幻想。兰池宫中有一大池湖水，

▲ 凤凰墩

湖中有三个小岛，它们分别隐喻传说中的东海和蓬莱、方丈、瀛洲三座仙山。就这样，秦始皇第一次把道家的神仙思想运用于园林的建造中。

西汉初期，汉高祖建造未央宫时使用了"一池三山"的造境方式。到了西汉中期，汉武帝在建造上林苑中的建章宫时也使用了"一池三山"的造园手法，即开挖太液池，在太液池中建三岛，并直接取名为"蓬莱""方丈""瀛洲"，以象征东海仙境。至此，中国古典园林布局中正式形成了一种经典模式——"一池三山"，并且这种模式一直被后世传承，至今已有2000余年。

隋朝时，隋炀帝在洛阳西苑中建造了一处周长十几里的大型人工湖——北海，在湖中建了蓬莱、方丈、瀛洲三岛。北宋时，宋徽宗在汴京（开封）寿山艮岳（华阳宫）中建造了曲江池，在池中建了蓬壶（蓬莱）。南宋时，宋高宗在临安（杭州）德寿宫中建造了金鱼家池、小西湖、万寿山等景观。金朝时，中都（今北京）西苑太液池中有蓬莱山。元朝时，大都（今北京）西苑太液池中有三岛，分别为万岁山、圆坻和屏山。

明朝初期，北京城形成了新的"一池三山"——琼华岛、团城和南台。然而，明清时期，由于封建皇权和专制主义日益加强，建筑等级在民间也被严格限制，其中就包括"一池三山"。所以，这时"一池三山"在民间园林（私园）中悄然消失。

清乾隆时期，乾隆帝修建清漪园时，"一池三山"被发挥得淋漓尽致，从而形成了一种全新的奇妙形式："一池"即一个大湖——昆明湖，但是它被湖堤分成了三个小湖——西湖、养水湖、南湖；"三山"即三个大岛——治镜阁岛、藻鉴堂岛、南湖岛，但是它们分别坐落于三个小湖中；此外，南湖中还有三个小岛——知春岛、小西伶、凤凰墩。就这样，一个大湖、三个小湖、三个大岛、三个小岛各有千秋，又自成一体，堪称美妙绝伦。

田园之美

▲ 陶渊明

中国古代文人墨客喜欢吟咏青山绿水，歌颂田园村舍，由此形成了中国古典艺术中的田园之美。其中，中国最早的也是最著名的田园诗人当属东晋的陶渊明，而他的诗歌《归园田居》《归去来兮辞》《饮酒》等以及散文《桃花源记》等更是传唱千古的名篇。到了唐朝，诗坛上出现了以王维、孟浩然为代表的"山水田园派"，他们直接将田园之美发展成了一种具有独特审美体验的艺术流派。此外，在中国古代绘画中也注重对田园之美的描绘。正是历代文人、画家等围绕着"田园之美"这一主题所进行的不间断的文艺创作，影响到了古典园林的造园艺术，使其也吸取了田园之美的造境方式，即在园林中营造出田园村舍的景观。

明朝末年，造园家计成在中国的第一本园林艺术理论专著《园冶》中总结了造园艺术中的田园之美："古之乐田园者，居于畎亩之中；今耽丘壑者，选村庄之胜，团团篱落，处处桑麻；凿水为濠，挑堤种柳；门楼知稼，廊庑连芸。约十亩之基，须开池者三，曲折有情，疏源正可；余七分之地，为垒土者四，高卑无论，栽竹相宜。堂虚绿野犹开，花隐重门若掩。掇石莫知山假，到桥若谓津通。桃李成蹊，楼台入画。围墙编棘，窦留山犬迎人；曲径绕篱，苔破家童扫叶。秋老蜂房未割，西成鹤廪先支。安闲莫管稻粱谋，沽酒不辞风雪路。归林得意，老圃有余。"

颐和园在建园之时也运用了"田园之美"的造园手法。比如，园内耕织图景区的耕织图、水村居、络丝房、织染局、蚕神庙等景观都是极具江南水乡风韵的田园村舍。其中，水村居门前竹林青翠，林中曲径通幽，屋后草木蓊郁，而近处湖水碧波荡漾，岸边杨柳依依，简直就是世外桃源。在这种环境典雅、风光如画的地方，游人自然能获得宁静、恬淡、悠闲之感，而这正是"田园之美"。

▲ 极具江南水乡风韵的水村居

林泉丘壑

林泉丘壑也是中国古代艺术中的造境方式，通常被运用于诗歌、绘画、园林建造之中。作为造园艺术中的林泉丘壑之美始于魏晋南北朝，是中国古典造园历史上具有重要意义的转折点。

林泉丘壑属于文人（士人）造园手法，主张用自然、简约、典型等艺术理念来建造园林中的山水景观，而不是对名山大川进行简单、直接的模仿。因此，这是一种再创造。由于任何一处园林的空间都是有限的，所以要在园林内再现林泉丘壑就必须概括和提炼出参照体系（蓝本）中的精华部分，并且使之与园内其他山体、水体、花木等景观能够达到自然而完美的结合。

东晋时期，皇家园林中林泉丘壑的作用主要是体现可观赏性或意境之美，也就是景观能否让游人赏心悦目、心旷神怡。至于景观是否以山水名胜作蓝本，以及景观的大小，都不是主要问题。据《世说新语·言语》记载，梁简文帝萧纲在游览华林园时说："会心处不必在远，翳然林水，便自有濠濮涧想也，觉鸟、兽、禽、鱼，自来亲人。"这段话典型地反映出了当时的人们对于林泉丘壑之美的认识。

到了唐朝中期以后，古典造园手法在林泉丘壑方面有了进一步发展，也就是独立的、小型的写意山水园开始出现，并形成了以"壶中天地"之境界为美的园林风格。但是，这种风格在本质上仍属于文人园林。

明清时期，林泉丘壑之美在造园中变得更加完美了，主要体现在：园林不再远离市区了，而多选址在近郊或城内；整体空间缩小了，不像之前的园林占地面积可达数百顷；人文景观增加了，提高了可观赏性。这种园林在当时就是所谓的"芥子纳须弥"，比如明末清初大文学家、戏剧家、美学家、造园家李渔寓居金陵后造了一座园林，将其直接命名为"芥子园"。颐和园在运用林泉丘壑这一造园手法时也发挥得灵活自由。比如，园内西桃花沟上曾有一座赅春园，它就是利用林泉丘壑的造园手法而建造的园中之园。

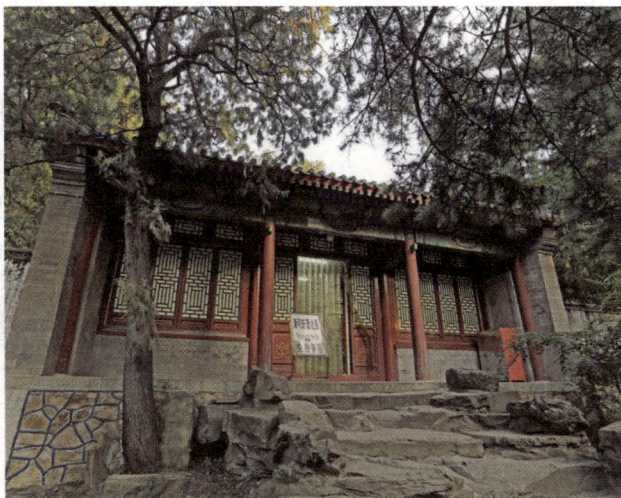

▲ 清可轩遗址

谐趣园饮绿亭

亭子与水、荷叶、树木互相映照，形成一幅和谐的画面。

假山堆叠

假山堆叠作为园林艺术造境手法也经常被运用。在古典园林中，堆叠假山的石料按产地、质地来看，最主要的有湖石、黄石、青石、石笋等。

湖石也叫太湖石，因原产太湖一带而得名。这种石料表面多沟、缝、洞、穴等，整体形态玲珑剔透，是江南园林中应用最普遍的假山石料。在颐和园中，太湖石数量较少，但无论是单独陈列的湖石山峰，还是堆积起来的规模较小的假山，都是独具特色的风景。

黄石呈块状，颜色发黄，棱角分明，纹理平直，形态敦厚。然而，这种石料在北方地区也较少见。所以，颐和园内的一些假山中只在局部使用了黄石。

青石多呈片状，颜色青灰，纹理多交叉，形态雄健。作为理想的石材，青石在北国的园林中最常见。在颐和园中，大多数假山是用青石堆叠的。

▲ 排云门前太湖石

颐和园里的叠石数量虽然比较多，但在使用上是极其讲究的，可谓精当有致，甚至起到了画龙点睛的作用。比如，万寿山上的佛香阁、须弥灵境等景观使用大块黄石堆叠成假山，为整座山体增添了风韵。再如，宜芸馆门前、惠山园的假山也很精致，很值得观赏。在山脚处或山道转弯处通常也会堆叠假山。在山脚处叠石，一是为了加固山体，二是为了凸显山势；在山道转弯处叠石，一是为了作对景，二是为了给游客指示登山路线。此外，假山也能起到障景的作用，像玉澜堂后院的假山就很好地遮挡了外面的廊子，仅留出了一条缝可以窥见佛香阁。

▲ 由黄石堆叠成的假山上有四大部洲的殿宇

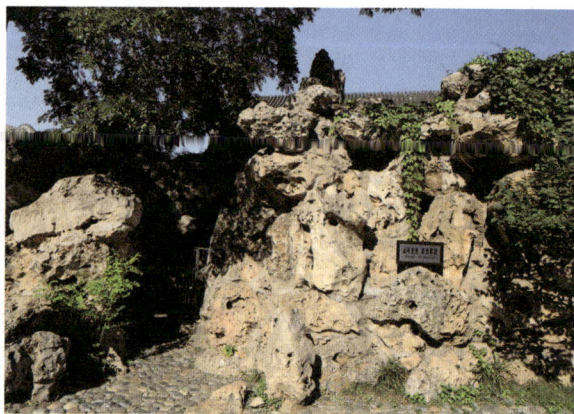
▲ 宜芸馆门前的假山

借景西山

借景是中国园林的传统造园手法。一座园林的面积和空间是有限的，为了扩大景物的深度和广度，丰富游赏的内容，使观赏景点的内容最大化，除了运用多样统一、迂回曲折等造园手法外，造园者还常常运用借景的手法，以达到收无限于有限之中的效果。借景分近借、远借、

▲ 从西堤荷花池畔遥望玉泉山和玉峰塔

邻借、互借、仰借、俯借、应时借等七类。借景内容包括山水、动植物、建筑甚至人等。

我国很早就开始运用借景这种造园手法了。比如，三国时期修建的位于湖南岳阳的岳阳楼，近借洞庭湖，远借君山，将"山、水、楼"三位一体的景致融合得气象万千、无与伦比。此外，拙政园、留园、承德避暑山庄、沧浪亭、塔影园等都使用过借景手法。但是，"借景"正式成为建筑的概念是最早在明末造园家计成的《园冶》一书里才出现的。按《园冶》中提出的"兴造论"观点，借景的相关问题包括"园林巧于因借，精在体宜""借者，园虽别内外，得景则无拘远近""俗则屏之，嘉则收之""泉流石注，互相借资"等。

颐和园的借景在中国所有古典园林之中堪称辉煌的典范。从整体上讲，颐和园以园中景点为主，然后近借玉泉山、远借西山。如此，近景在园内，中景是林木葱茏的玉泉山和山上的玉峰塔，远景成了数十里之外层峦叠嶂的西山，并且近景、中景和远景结合得天衣无缝，构成了一幅层次分明、美轮美奂的画卷。具体到某个景点的话，比如佛香阁，借景西山、玉泉山为大背景，借景昆明湖倒映于水面，所以当游人登临佛香阁时无论仰望、俯瞰还是远眺，都可以观赏到无比壮丽、曼妙的景象，所以佛香阁也被看成是颐和园的标志性景观。此外，颐和园的东、南、西三面不设围墙，因而将园外的田园之美也纳入了园中，这种开放的借景方法是其他皇家园林和民间园林都不可比拟的。即使颐和园北面修建了部分围墙，那也是以自然树林或仿造出的山丘进行遮蔽的，从而使园林的视野从有限延伸到了无限……

佛香阁

佛香阁是颐和园的标志性景观。站在阁上，可以俯瞰昆明湖绝妙的景观。

水陆游览路线

▲ 慈禧太后的御舟

颐和园有两条主要的游览路线，即水路游览路线和陆路游览路线。

水路游览路线以昆明湖水系为主。昆明湖连接长河和玉河，还与圆明园、静明园、玉泉山等其他皇家之地相通，所以乘船往来于此是帝、后的经常之选。园内有八九条设计精美、装备豪华的御舟专为清皇室服务，如"喜龙舟""万荷舟""芙蓉舰""镜中游"等。另外，昆明湖中的三岛孤立于水中，要去观赏的话只有乘船才能到达。当然，要想从水路换成陆路，只需在昆明湖岸边码头停船登岸即可，岸边设有许多小码头。

据载，乾隆年间，帝、后游览颐和园的水路大致有四条：其一，从长河起，经绣漪桥、南湖岛到水木自亲码头，再从码头东岸一直向北走，最后可到达万寿山。沿着这条路线，游人的视野会从狭窄逐渐过渡到开阔，有引人入胜、豁然开朗的感觉。其二，从水木自亲码头起，沿北岸先向西走，再向北走，到达绮望轩码头后就可以换成陆路游览了。

▲ 昆明湖游船码头

这条路线被乾隆在诗中描绘成"山阳放舟山阴泊"。其三，从寄澜堂码头起，先向南走，再向西走，经玉带桥，入玉河，最后可到静明园。这条路线的沿岸有田园村舍，充满了江南水乡的诗情画意，因而深受乾隆青睐，这从他吟咏过的诗句"水村迎面趣清超""雨余拍案水增波"中就能看出。其四，从绮望轩码头起，在后溪河上一路泛舟。这条路线沿岸既有青山、绿树，又有宫墙、叠石，可谓山重水复、风光旖旎。

陆路游览路线以万寿山为中心。具体也分为四条路线：一是前山长廊游览路线。长廊长1000多米，行走其中可平视昆明湖和湖中三岛。二是山脊游览路线。站在山脊上，视野极为开阔，不仅能将湖、岛美景尽收眼底，还能远眺圆明园、畅春园、玉峰塔、西山等景色。三是后山游览路线。后山这里山青树茂，环境清幽，且景点离得近，让人赏心悦目、目不暇接。四是湖边路线。顾名思义，这条路线就是沿着昆明湖湖岸行进，一路上领略绝美的湖光山色。

颐和园的排水

颐和园内的排水系统自成一体，但是前山和后山的排水方式各具特色，有着不同之处。

前山的排水特点是典型的园林排水，也就是层次分明、多种方式有机结合的排水方式，即从点到线，从线到面。其中，点是指排水孔和雨水井，线是指水沟和管道，面是指昆明湖。最主要的排水方式是就近排水，也就是经过排水孔与管道将水直接排入昆明湖。当然，考虑

▲ 颐和园排水孔

到水中会携带泥沙的情况，通常在大水体旁还设有小蓄水池。比如，位于山脚下的葫芦河能够将从山上流出的水经过沉淀后再送到大水体中，这样最终流入昆明湖中的水就不会含有太多泥沙，从而有利于湖中的清淤工作。此外，为了阻碍地表径流的下冲，前山还设有一些大小不一的散点石（挡水石），从而分散了大股的水流，降低了水流的流速。

▲ 颐和园排水设施

所以，以大散点为主也是前山排水系统的一大特点。

后山的排水特点是自然山地排水，因为后山不但地形坡度大，而且建筑较少，排水的根本问题就成了防止山洪冲刷，并在自然排水的同时保护好建筑景观。所以，后山的沟谷、河岸等处基本都建有防洪设施。

颐和园的照明

　　颐和园中最早的照明系统是中国传统的宫廷花灯（宫灯）和煤油路灯。

　　宫灯即宫廷所用的灯，始于东汉，盛于隋唐。宫灯以木制骨架为支撑，外面罩着绢纱或玻璃，并且绘有各种吉祥如意的图案，外形分为八角、六角、四角形，燃料多是蜡烛，体现出雍容华贵的宫廷气派。北京宫灯制作精美、典雅华贵，是传统宫灯工艺的典型代表，著名的灯市口就是曾经盛极一时的灯市。在颐和园里，屋内照明最初用的就是宫灯，现在虽然已经换成了电灯，但是宫灯作为陈设依旧"照耀"着历史岁月。

▲ 宫灯

　　中国的油灯最早起源于春秋时期，曾先后出现过青铜灯、青瓷灯、夹瓷盏（省油灯）、内藏式灯（"气死猫"）等。到了明清之际，青花、粉彩油灯成为新的灯具潮流。清朝康熙年间，北京城的城市照明系统中首次出现煤油路灯。这种照明工具大多配有纱罩或六角型玻璃罩，一直沿用到清末。在颐和园里，户外照明最初用的就是煤油路灯，如今园内还有一些这样的设施，当然也只是摆设而已。

　　光绪十六年（1890 年），为了维持颐和园内的电灯照明，清政府耗资 1.22 万两白银专门建了一处颐和园电灯公所。这处所谓的公所实际上就是一座小型发电厂，它位于颐和园东宫门外的右侧。其中，发电机组是一台蒸汽机，功力约 15 千瓦，从德国购进。另外，当时的北京城内还有一处发电厂叫西苑电灯公所，它和颐和园电灯公所同属北京最早的两套发电设施。

　　然而，可惜的是，光绪二十六年（1900 年），八国联军侵华之际，颐和园电灯公所和西苑电灯公所的发电机组及其电灯设备全部被破坏殆尽。到了光绪二十八年（1902 年），为重修颐和园、西苑两处电力设备，清廷足足筹备了 12.49 万两白银。这次订购的蒸汽发电设备由德商荣华洋行提供。两年后，也就是光绪三十年（1904 年）五月，经由外国人安装发电机、架设电线，颐和园电灯公所最终复建完成，开始发电。至此，园内的电灯重新亮了起来。但是，重建的发电机组的位置由东宫门外右侧，也就是南九卿房南侧，向西移到了文昌阁东北侧，也就是耶律楚材祠南侧。

▲ 悬挂电灯的排云殿内景

颐和园的取暖

北方的冬天比较冷，尤其是三九天最冷，因而民谚里有"三九四九不出手"之说。在北方民间，老百姓过冬时采用的取暖方式有多种，包括火炕、火墙、火炉等。而在南方偏北的一些地区，人们在过冬时多使用火塘、火盆等。但是，作为皇家园

▲ 德和园火道口

林的颐和园，其冬季取暖方式和民间有所不同，既没有火炕、火墙、火塘，也没有火炉、火盆。总体来说，颐和园的取暖方式主要包括"地炕"和"暖炉"两种。

地炕是颐和园的主要取暖方式。在颐和园重要殿堂的地面之下都设有一种叫作烟火道的设施，这种火道一直通到殿外一种叫作地炉的设施。每当冬天来临，从殿外的地炉开始烧火，烟火就会通过火道直达殿内，殿内地表的温度就会升高，整个屋子的温度也随之升高了。因为这种取暖方式和火炕相似，所以被称作"地炕"。

地炕的优点：一方面，烧火时烟、尘不会进入殿堂，没有烟熏火燎；另一方面，烧火、清灰工作不会直接影响到殿内的各种活动。同时，地炕也存在缺点，那就是工程造价高，普通百姓根本用不起。当然，现在人们已经发明了更加先进的取暖方式——地暖。

暖炉是颐和园的辅助取暖方式。如果到了数九寒冬，因为种种原因还没来得及烧地炕，就只能靠暖炉临时取暖了。暖炉呈香炉状，黄铜鎏金材质，组成部分包括火盆和炉盖儿。

火盆是用来燃放木炭的。它下有三足，形状都是象头。其中，在象头的挽具上还镶嵌着精美的饰品，包括红珊瑚和绿松石。三足之上就是盆边了，这里环绕着象征阳数之极的九只用绿松石制作的蝙蝠。

炉盖其实就是护罩，用来防止火星溅出。它分为三层，并且层层缩进，层层都有雕饰，包括夔龙纹、凤纹镂空雕饰，以及也是阳数之极的九个（每层各有三个）绿松石团寿纹。在炉盖顶部有一个带叶的"寿桃"作为盖把，盖把上还有五只用红珊瑚制作的蝙蝠，以此来寓意"五福捧寿"。

手炉类似于香炉，在民间也有。然而作为皇家专用的手炉，在造型上很讲究，比一般手炉更精致。

颐和园"水牢"真相

在民间，以前有一种说法：颐和园内有一处专门用来关押太监和宫女的"水牢"。那么，这处"水牢"具体在哪里？规模到底有多大？里面是什么样子？……

传说中神秘的"水牢"位于昆明湖中西湖的湖心岛上，但是这里四面环水，没有陆路连接，而游船根本不进入西湖，所以游客无法靠近湖心岛，只能望岛兴叹。但是，有一种办法可以登岛，那就是等到冬天来临，湖水结冰之后踩着冰面上岛。

过去湖心岛是禁区，一般人进不去。时间一长，此地人迹罕至，逐渐荒芜，环境因而变得阴森可怕，所以更加无人敢去了。就这样，民间以讹传讹，将这里说成了关押囚犯的"水牢"。其实，这里根本不是什么"水牢"，而是颐和园"三大仙岛"之一的治镜阁。正是由于治镜阁孤悬湖中，往来无路，因此在1860年英法联军火烧清漪园时才没有被毁坏。

治镜阁中的"治"是政治或治理的意思，"镜"是明鉴、明察的意思，合在一起便是明察政事。根据这个名字推断，这是当年乾隆为了提醒自己以史为鉴，勿怠勿傲。所以，这里不会是关押犯人的牢房。事实上，治镜阁原来是一座仿造坛城而修建的十分巍峨、独具特色的楼阁式建筑，是专供皇帝游玩赏景、修身养性的地方。

但是，当年辉煌无比的治境阁如今却早已荡然无存了，只剩下了一堆残垣断壁，这是因为：第一，1886年，慈禧重修颐和园时治镜阁由于年久失修而破败；第二，当时资金匮乏，无力修复治镜阁，于是干脆将其拆除，用拆下来的木石构件去修造其他建筑。如此一来，治镜阁彻底成为废墟。

现在，人们所能见到的治镜阁遗迹有夯土墙芯，有一块"仰观俯察"匾额，一块乾隆御题的"蓬岛烟霞"石额等。其中，"仰观俯察"出自王羲之的《兰亭集序》，原句为"仰观宇宙之大，俯察品类之盛"；"蓬岛烟霞"出自李商隐的《郑州献从叔舍人褒》，原句为"蓬岛烟霞阆苑钟，三官笺奏附金龙"。如果仅从"仰观俯察""蓬岛烟霞"这些意境高雅的词语来看的话，治镜阁的建筑肯定也是非常高雅精致的，所以怎么会有"水牢"呢？因此，关于颐和园的"水牢"的说法是一种谣传。

▲清漪园时期的治镜阁旧影

颐和园的警戒线

早在明朝时，颐和园一带就是北京的游览胜地了。到了清朝乾隆时期，乾隆皇帝将这块地方建成了皇家园林，但最终没有造围墙把整个园林围起来。一方面，这里本来就是民间地盘，乾隆担心圈地后会影响他在老百姓心目中的形象，他至少要在表面上装出体恤百姓的样子。另一方面，颐和园不是乾隆日常起居和办公的地方，他不会经常来这里游玩，所以也就没有必要建造围墙了。那么，颐和园当时有没有警戒线呢？其实，仔细深究的话，倒也有一条看不见的"警戒线"，那

▲ 廓如亭

就是从廓如亭一直到文昌阁这一段没有围墙的地方。这到底是怎么回事呢？

中国自古是农耕文明的国家，以男耕女织、自给自足为主，所以老百姓有句谚语是"民以食为天，食以粮为先"，纵观中国历朝历代，但凡有所作为的皇帝都把农业看得重、抓得紧。乾隆为了能够目睹民间老百姓种粮、收粮的情景，就在颐和园里修建了一座大型建筑——廓如亭，因为在廓如亭东南面、昆明湖南面有片一望无际的农家稻田。乾隆每当站在亭子里欣赏农民劳动的场面时，脑海里就会产生国泰民安、太平盛世的幻境。事实上，清朝的衰落恰恰就是从乾隆后期开始的。

与其说廓如亭是乾隆观察民情的地方，不如说是他欣赏风景的地方，因为站在亭子里不仅可以看到稻田，天气晴朗的话还可以观赏昆明湖沿岸的风景，甚至能望见西直门城楼。但是，廓如亭这里没有围墙，稻田附近的百姓也可以进入颐和园里游玩，而皇帝为了在欣赏风景时不被百姓看到"龙颜"，所以就修建了廓如亭作为一处具有防卫性质的景观。在乾隆年间，文昌阁也是一处具有防卫作用的景观。如此看来，从廓如亭到文昌阁之间没有围墙，但却有看不见的"围墙"。然而，据说当时颐和园的保卫人员总共才60人，根本算不上守卫森严，所以看不见的"警戒线"似乎可有可无了。

文昌阁

文昌阁内供奉铜铸文昌帝君和仙童等，与昆明湖西供奉武圣的宿云檐一起象征"文武辅弼"。

慈禧在颐和园的日常生活

慈禧晚年常去颐和园，她在园中的日常生活是怎样的呢？

据溥雪斋在《晚清见闻琐记》中记载，慈禧在颐和园每天都按时起床（宫中称"请驾"），起床后就开始有专门的太监、宫女伺候她梳洗，梳洗完毕后室内太监高呼"打帘子"，帘子便被打开。这时，室外跪着的众太监便高呼"老祖宗吉祥"。慈禧出来后便开始批阅各地奏折，看完后就到仁寿殿召见大臣（宫中称"见起"或"叫军机"）。召见完之后，慈禧便回到乐寿堂吃饭（宫中称"传膳"），吃完后照例要吃点水果和点心（宫中称"进果食"），吃完后通常要出去散散步，一般都是逛逛长廊，看看昆明湖。慈禧散完步之后便回到乐寿堂午睡，醒后有时就到听鹂馆（后来到德和园）听戏、画画作为消遣。之后慈禧便开始用晚餐，照例饭后会有水果、点心奉上。晚餐后慈禧一般要到仁寿殿练习书法，练习一会儿后照例会有一顿夜宵（宫中称"灯果"），吃完夜宵后，慈禧有时还会叫太医院做灯谜。不多久，慈禧回宫，颐和园才开始恢复平静。这就是慈禧在颐和园中一天的生活。

慈禧在颐和园的用膳极为讲究，中外罕见。慈禧每天用餐都有固定的时间，一般早餐 6 点，午餐 12 点，晚餐下午 6 点，另外还有夜宵。每天中、晚两顿正餐，按例都要有 100 种不同的菜肴，早餐和夜宵至少也要有 20 种，有时达 40 ~ 50 种。用餐时，慈禧坐着独自享用，有时还会叫身边的女官裕德龄等陪着一起吃，但女官等人都要站着吃。慈禧一般都只吃摆在面前的几道菜，有时想吃远点的菜时便会令太监端到面前来。一餐下来，慈禧吃过的菜也就三四种，其余的菜在慈禧用完餐后或直接倒掉或由女官、高级太监等依次进食。

▲ 清宫御膳房的宫廷点心

慈禧钟爱清炖肥鸭，其做法是将鸭洗净后加调味品，罐装后用文火蒸三天，这样做出来的鸭肉酥骨软，慈禧只吃最精美可口的鸭皮。据慈禧自己说，她年轻时最爱吃酥脆如"响铃"的烧猪肉皮。后来以"樱桃肉"取代"响铃"，成为她晚年特别喜欢的一道菜。

纸糊的御膳

慈禧很讲究饮食，而且胃口很好。据说，慈禧的每一顿御膳都要准备上百道菜，但她每次只是挑几种爱吃的菜吃一点。御膳里面自然少不了山珍海味等高档菜品，当然也会适当地配一些小菜。那么，即使一个人胃口再好，一顿饭能吃得了上百道菜吗？答案是否定的。因此说慈禧讲究饮食，其实只是讲究排场、奢侈浪费而已。

慈禧吃饭时，对于餐桌上自己不爱吃的菜，一口也不吃。有些菜，她甚至看也不看，就原封不动地被撤下了。小德张长期伺候慈禧吃饭，日子一长，慈禧的饮食习惯被他全部看在了眼里。于是，他和李莲英暗中密谋，打算"赚"老佛爷的钱：慈禧用膳时，有很多菜甭说动筷了，连理都不理，所以根本就是摆设。既然这样的话，何不做些样子菜应应景，以省下些银子装入自己的腰包呢？听了小德张的主意，李莲英喜出望外。尽管小德张有些犹豫不决，李莲英还是满口应承说，出了问题，他来应付。

打定主意后，小德张找来工匠仿制了十几种样子菜，包括扣肉、火腿、丸子等，总之都是慈禧平时不爱吃的。虽然慈禧暂时被糊弄了过去，可是她的贴身宫女和太监早已发觉了，只是没人敢吭声。

有一年四月的一天，慈禧乘船游昆明湖时，终于发现了小德张的伎俩。那天中午，在龙王庙前，慈禧用膳时像往常一样阔气，什么烧猪、熏鸡、清炖鸭子等珍馐美馔在游船上摆了满满一大桌。然而，慈禧在吃了几口鸭肉后，突然想要吃一道从来不吃的菜——扣肉。面对突发情况，小德张差点吓晕过去。俗话说，急中生智，小德张忙说："回老佛爷，扣肉已经凉了，让御膳房热一下再用吧！"但慈禧说，凉点不要紧。无奈之下，小德张只得硬着头皮把一盘假的扣肉端上来。

当慈禧用筷子夹扣肉时，根本夹不动，这才突然明白是怎么回事。然而，她还是装作什么也不知道。就这样，小德张顺势把假扣肉交给一个小太监，赶忙吩咐让御膳房给"热"一下，其实是想换一碗真的扣肉上来。可是，当热气腾腾的真扣肉端来后，慈禧早已吃饱了。

就在打算撤席时，慈禧慢悠悠地说，平时有些菜她连看也不看，今天想把所有的菜都看一遍。这一看，慈禧大吃一惊：板鸭是硬纸板做的，火腿是蜡做的……上百个菜中竟然有二三十个是假的。

"小德张，这是怎么回事？"慈禧怒斥道。"回老佛爷……奴才也不知是咋回事……方才端上来时明明都是真的……"小德张支支吾吾地答道。

这时，李莲英眉头一皱，计上心来，不慌不忙地说："奴才恭喜老佛爷，贺喜老佛爷！"慈禧问道："喜从何来？"李莲英用手一指那些假菜，不紧不慢地说："老佛爷您游昆明湖，在龙王庙前用膳，所以龙王爷派人给您老人家送供品来啦。"一看现场这情形，太监和宫女也凑过来给慈禧道喜。慈禧平时很迷信，所以对李莲英的话颇为满意，再加上这天心情好，所以没再计较。小德张却吓出了一身冷汗，此后再也不敢做假御膳了。

清宫黄地粉彩五福捧寿字茶碗、红彩诗句盖碗

露陈墩

　　露陈墩亦称"露天铜陈设石座"，是用于举行庆典的祭坛，通常放在室外供摆设青铜器物之用，而在圆明园内有200余个这样的遗物。清咸丰十年（1860年），第二次鸦片战争时期，露陈墩被英军劫掠，后在运到南京下关江边时因过于沉重而被丢弃。过去，在北京城和皇家园林内都有露陈墩，每当举行庆典时就会在上面摆放青铜器，以显示皇家的尊贵与威严之风。

▲ 夕佳楼前的露陈墩

▲ 宜芸馆前的露陈墩

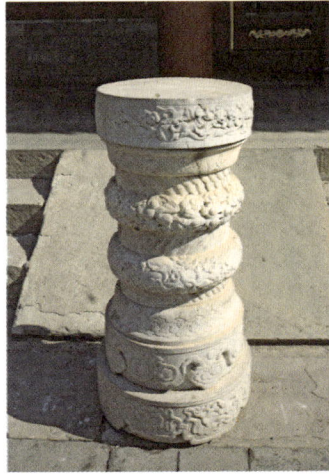
▲ 玉澜堂前的露陈墩（一）

▲ 玉澜堂前的露陈墩（二）

▲ 长廊周边的露陈墩（一）

▲ 长廊周边的露陈墩（二）

如意门的来历

关于"如意门"，在民间流传着一个这样的故事。

话说当年修建颐和园时，慈禧经常会来工地察看工程进度。她对建园的要求极为苛刻，其中每一个门、楼、阁、殿等必须由她亲自命名。以门为例，她一般会用典取名，通常含福、禄、寿、喜等吉祥之意。

一天，慈禧在太监、宫女和建园大臣的陪同下来到颐和园。在园内西北角，恰好有一个门刚建成，还未命名。慈禧就问建园大臣，此门叫何名？大臣阿谀

▲ 北如意门

夏日荷花池一角

这株含苞待放的荷花倒映于水中，与蓝天白云共舞，为荷花池增添了几分美丽！

奉迎道："就等着老佛爷赐名呢！"慈禧突然恼羞成怒，呵斥道："这么小的一个门，还用得着我起名吗？"大臣顿时吓得不知所措。接着，慈禧下令：每人当场起一个门名，起得好，重重有赏，起不好，吃 30 大板。不一会儿，大臣就叫来了在附近干活的 20 多个民工。

其实，慈禧本无心让这些民工起名，纯粹是为了拿他们逗乐，寻开心。只要她随手指到谁，谁就得回答。

首先回答的是一个大高个儿。他怯怯地说，这门就叫"万岁门"吧。慈禧一听，大声吼道："拉出去打 30 大板！"这大高个儿哪里知道老佛爷根本就不把"万岁"放在眼里。第二个回答的是一位老人。他拍马屁地说，这门叫"太后门"最好不过了。没想到慈禧更加暴跳如雷，也罚了老人 30 大板。第三个被慈禧点到的不是民工，而是贴身太监。那太监吓得半天说不出话来，因而也挨了 30 大板。

这时，人群中一个叫赵玉水的年轻民工自告奋勇地站了起来。赵玉水平时乐于助人，现在挺身而出，足见其心性善良，充满正义感。慈禧正在气头上，对赵玉水提前放出了狠话："名字要是起不好，打 90 大板！"只听赵玉水不慌不忙地娓娓道来："这个门位于八卦之乾位，在天上由玉皇大帝主宰，但是天庭都要听从王母娘娘的旨意，所以只有王母大恩大德，玉帝奉旨行事，老百姓才能如意安康。因此，这个门应该叫作'如意门'。"在这里，赵玉水分别用王母、玉帝隐喻慈禧和当朝皇帝，可以说正合慈禧心意，因而躲过一劫。

可是，赵玉水看透了老佛爷的心思，那还能不出事吗？果然没过几天，赵玉水在干活时被人故意用木料砸死了。

颐和园四季风光

春色满园关不住

颐和园里的春色十分迷人，湖光山水，春意盎然。早先光秃秃的地里，绿色的野草已经露头，肥嫩的芍药芽也已经昂起头。鹅黄的迎春花和嫣红的桃花已随风摇曳。柳条如少女的长发，细长、柔美，映在微微荡漾的水波里，显得那样的迷人。还有那大气、圣洁、高雅的白玉兰开得美若天仙。春季从后河可见北坡山上盛开的山桃、杏花，深幽的"桃花沟"更加迷人，令人有武陵桃花源之想。此处的宁静、色彩的淡雅与前山前湖的

▲ 颐和园春天桃花盛开

雄伟、辽阔形成了明显的对比。乾隆有诗曰："梅雪清喷麝，松风谡起涛"，"花坞渐看红意减"。

夏意正浓观荷花

夏季的颐和园是观赏荷花的好去处，站在西堤向西望去，治镜阁湖、藻鉴堂湖两个湖区俨然是荷花、荷叶的天下。荷叶铺满了整个湖面，荷叶上残留的雨珠在晨光中晶莹剔透，一朵朵亭亭玉立的荷花带着晨露愈发娇艳。"绿叶撑如油碧伞，红葩擎似赤琼杯"，谐趣园中的荷花更是别有一番特色，其生长的高度和密度都是根据岸边建筑的需要而"量身定做"的，"出淤泥而不染"的荷花与水中红鱼相映成趣。另外，耕织图景区中也有一个荷花池，这里游人稀少，空气清新，垂柳荷花塘，颇有一番江南水乡的韵味。

▲ 颐和园夏日荷花满池

秋波荡漾情趣足

北京最美的季节是秋天，这是众所周知的，而颐和园的秋天就更是自有一番情趣了。褪去了夏日的繁华与浮躁，不用去担心别人的脚会踩着自己脚后跟的狼狈，秋日的颐和园显得特别静谧和透亮。秋季后河的秋叶更加迷人，从昆明湖西北到谐趣园的后河两岸拂柳低垂，秋波荡漾。

水阔天高，山静木叶飘；黄叶铺地，芦花随风起。在难得的

▲ 颐和园的秋天

静谧中，也许才能真正品出颐和园这瓶沉淀百年的"古酒"的味道。

别有风味不觉寒

冬春季节的北京时常刮起干燥而凛冽的北风。但在颐和园，即使是隆冬时节，昆明湖完全封冻了，吹来的风也不是那么刺骨。可能是在颐和园中的人们忘情地投身于玩乐之中，感觉不到寒冷，但毕竟万寿山挡住了一些风。这时坐在西堤的长椅上，迎着不那么凛冽的北风，捧着《唐诗三百首》吟诵着"柴门闻犬吠，风雪夜归人"，不时抬头看看昆明湖上的冰冻世界，会有一种超越时空的感觉。

在昆明湖冰面上行走，遥看佛香阁，别有一番情趣。

当整座万寿山成了白茫茫的一片，偌大的昆明湖成了一块坚冰，那种萧索的气氛让这座皇家园林真正散发出了厚重的历史味道。

▲ 颐和园的冬天

清乾隆画珐琅开光西洋风景人物图盖罐

清乾隆四年，广州珐琅艺人梁绍文和扬州艺人王世雄进宫制作珐琅器。这一时期，景泰蓝制品在皇宫内随处可见。

景泰蓝

景泰蓝又称铜胎掐丝珐琅，明代宫廷开始烧制。在景泰年间，由于皇帝的亲自参与和重视，景泰蓝工艺达到了巅峰，尤其以优雅悦目的蓝色著称，故被后世称为"景泰蓝"。与玉器有宫廷制作和民间制作、瓷器有官窑和民窑不同，景泰蓝从诞生的那一刻起就没有走出皇宫，成为中国历史上唯一传承了600多年而具有纯正皇室血统的帝王级奢侈品。据史料记载：在乾隆四十四年除夕，只有乾隆皇帝的年夜饭餐具是景泰蓝，其他人全部用瓷器。景泰蓝作为显赫身份的象征，其尊崇的地位至今无可替代，是久负盛名的中国原创奢华艺术品，成为少数尊贵人士专享的低调奢华。

据说，颐和园中的景泰蓝是目前市面上两处能买到正品景泰蓝的地方之一，至于是真是假，则要仔细辨认。

▲ 颐和园景泰蓝商店

▲ 颐和园的景泰蓝

宫廷区

宫廷区位于东宫门至昆明湖东北角的平坦地带，这里襟山带湖，是园内水陆交通的枢纽，也是沿湖一带观赏湖景山色的最佳位置。宫廷区有大片宫殿建筑，是慈禧太后和光绪皇帝在颐和园起居理政之所。宫廷区建筑不像故宫那般金碧辉煌，而是低调得多，更适合生活起居。宫廷区的东侧以仁寿殿为中心，包括东宫门、仁寿门、太湖石、仁寿殿、延年井等，类似故宫的外朝，是太后、皇帝处理政务、接见群臣和使节的地方。宫廷区西侧的万寿山麓则是以乐寿堂、玉澜堂、宜芸馆为核心的诸多院落，这里相当于故宫的内廷，是太后、皇帝、后妃及侍从的起居之处。宫廷区只占园内景区的很小一部分，但却是园内帝、后的活动中心。

涵虚牌楼

牌楼即牌坊，最早出现在周朝，通常用砖、石、木、琉璃等材料建成，多用于园林、衙署、庙宇、祠堂、陵墓、街口等处，是中国古代一种独特的门洞式、纪念性建筑类型。牌楼的建筑结构异彩纷呈，按照外形可分为柱出头式（冲天式）、不出柱头式两类；按照间数、柱数、楼数的不同，可分为一间二

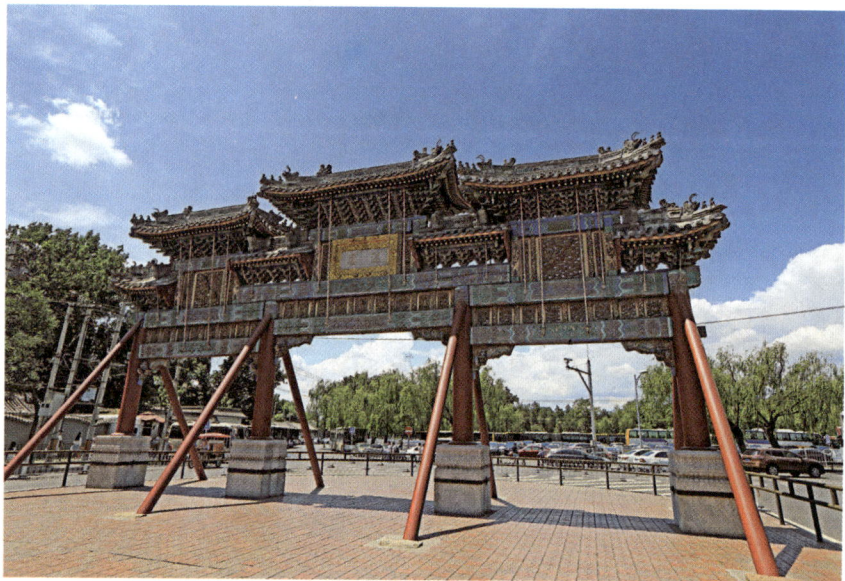

▲ 涵虚牌楼

柱一楼、一间二柱三楼、三间四柱三楼、五间六柱五楼等。

　　牌楼是清漪园建筑群中的重要组成部分，而高大的涵虚牌楼更是其中的代表作。涵虚牌楼也称东宫门牌楼，位于颐和园东宫门正前方约 200 米处，始建于乾隆十五至十六年（1750—1751 年），是一座三间四柱七楼斜坡卷栅式牌楼。清代，涵虚牌楼作为颐和园的大门，专门有禁军把守，而在牌楼东南还立了一块下马碑，经过这里的官员都要出示腰牌。从圆明园一路走来，远远就可看到它的形象，而当它近在眼前时万寿山和佛香阁正处在牌楼柱枋构成的画框之内。这一精美绝伦的颐和园巨幅画卷由此缓缓展现在人们的面前。

　　涵虚牌楼正面题刻"涵虚"两个正楷大字，背面题刻"罨秀"两个字。"涵虚"的意思是指水映天空。乾隆对"涵虚"之意情有独钟，他曾在《涵虚朗鉴》一诗里写道："涵虚斯朗鉴，鉴朗在涵虚。""罨"原指捕鱼或捕鸟用的网，引申为捕取、覆盖、掩映的意思；"秀"是秀丽的意思，可指代自然景色，比如成语"秀色可餐"。所以，"罨"和"秀"合起来可解释为秀色掩映。那么，"涵虚"与"罨秀"放在一起暗指颐和园山清水秀，是一处风景名胜。

　　"涵虚"之名沿用至今，牌楼也没有被毁坏。如果仔细观察的话，会发现涵虚牌楼的题额上既无落款也无印章。这是为什么呢？因为石刻牌额"涵虚"之名是乾隆想出来的，题字是由汪由敦写的。众所周知，颐和园的前身清漪园是乾隆下令修建的，而他对园林诗词研究颇深，所以他想出的牌楼之名不应冠上别人的名字，况且别人也不敢把皇帝的命名之物冠上自己的名字，即使是像当时的吏部尚书汪由敦这样的宠臣也如此。

东宫门

▲ 东宫门

东宫门在颐和园最东边。这一带原是清朝皇帝从事政治活动和生活起居的地方，包括召见大臣的仁寿殿和南北朝房、寝宫、大戏台、庭院等。东宫门是颐和园的正门，为三明两暗的庑殿式建筑，中间正门专供帝、后出入，两旁侧门供王公大臣出入，而士兵、太监等则只能从两侧边门出入。东宫门坐西朝东，门楣檐下全部用油彩描绘着绚丽的图案，六扇朱红色大门上嵌着整齐的黄色门钉，中间檐下挂着九龙金字大匾，宫门上"颐和园"三个大字遒劲有力，为光绪皇帝御笔。门前丹陛石上的"二龙戏珠"来自于圆明园，为乾隆年间所雕刻，它代表了皇家的尊严。门前两侧有一对铜狮蹲在汉白玉石须弥座上，南雄北雌。宫门南、北两侧各有一座悬山顶罩门。

来自圆明园的丹陛石

丹陛石是指雕有龙纹浮雕的方形石板，一般置于宫殿大门台阶的中路，象征着皇权。颐和园东宫门前的台阶上有一块丹陛石，长 4.49 米，宽 1.23 米，上有"二龙戏珠"浮雕，下为海水和山石图案，原是圆明园安佑宫遗物，1937 年移于此处。

▲ 丹陛石

影壁、小广场、外朝房、内朝房

在东宫门内外有一组建筑，普通游客很少注意到。

影壁即砖雕影壁，也叫照壁，古称萧墙，是一种用来遮挡视线的墙壁。按照影壁的不同位置，即位于大门外或大门内，可将其分为外影壁和内影壁。它一般由砖砌而成，包括座、身、顶三部分，形状分为"一"字形、"八"字形等。颐和园影壁建于光绪年间，地处东宫门门前、月牙河西岸，长 33.24 米，进深 1.74 米，歇山式顶，红色前后檐，青石底座，高 0.73 米。

小广场位于影壁的西面，长 70 米，宽 50 米，可供游人活动、休息。

外朝房位于东宫门南、北两厢，共 4 座 20 间，其中每座面阔 5 间，为硬山顶风格。分列于小广场南北两侧的外朝房过去曾是清廷官员的候朝之地，现为售票处、接待室和商店。

内朝房分别位于东宫门内的小庭院两侧，南北各有房屋 9 间，居中 3 间房屋有走廊，总建筑面积 73 平方米。清代，内朝房是六部九卿的值班室，所以这里也叫南北九卿房。

▲ 外朝房

光绪御题金匾

在东宫门屋檐下悬挂着一块写有"颐和园"三字的九龙镏金大匾，字迹浑厚、苍劲有力，据说是光绪的御笔。光绪为写好此匾，访师求学，流传了一段有趣的故事。慈禧挪用海军军费修复颐和园后，下旨要工部大臣找人为东宫门题写匾额。工部大臣想来想去，感到只有请皇帝题写最合适，而且这对自己日后升官发财也更有利，于是便去求见皇帝。光绪获悉后十分高兴，二话没说，提笔就在龙案上的一张白纸上写了起来。工部大臣一看"颐和园"三字写得歪歪扭扭，难看极了。无奈，只好照光绪的手迹做匾挂上了。挂上大匾的第二天，慈禧从紫禁城来到颐和园。她在东宫门前下桥，看见新挂的大匾就火了，马上叫人找来工部大臣，质问大匾是谁写的？工部大臣不敢说谎，如实说明这是皇帝的手迹。慈禧瞪了他一眼说："此字这般不雅，怎配挂宫门之上，还不快去给我摘下来！"光绪得知此事后吓出一身冷汗。他将工部大臣找来商议，决心大练书法将匾写好。可他一连几天都写不好"颐和园"三字。大臣见此对光绪说："以臣之见，闭门而写，不如访师求学呢！"光绪问："求学何人？"大臣回答："建成园时，有位王永福老木匠写得一手好字，家住园外的六郎庄，近在咫尺，不如求教于他。如果皇帝外出访师不便，是否可请他进园教学？"光绪认为言之有理，便点头赞成。第二天上午，工部大臣将王永福请进了玉澜堂。老人听说是教皇帝写字，唯恐犯上便竭力推辞。光绪向老人谦敬之后，老人见皇帝是真心求学，才答应下来。老人取来学字帖，为皇帝讲书法，教皇帝写字。光绪殷勤招待老人，经一番勤学苦练后终于写出了一手好字。有一天，光绪召来文武大臣，在宣纸上一挥而就，写下了苍劲有力的"颐和园"三个大字，博得大臣们的喝彩。光绪将此字进呈慈禧过目，慈禧看了也很满意，并叫人做成九龙金匾悬挂于东宫门上。

光绪书法

"颐和园"匾额 ▶

"老佛爷"称号的由来

在很多人的印象中"老佛爷"这个称号是慈禧太后的代名词。其实，"老佛爷"这个称号由来已久，是对清朝历代皇帝的专用称呼，来自于女真族首领称呼"满柱"的汉语译音，是"吉祥"的意思。慈禧太后之所以被人们尊称为"老佛爷"，还有一个故事。

光绪初年，刚满40岁的慈禧太后为了达到二度垂帘的目的，用尽了心机，要尽了手段，但无奈阻碍重重，整日愁眉不展。太监李莲英深知慈禧心事，为了讨好慈禧，便命人在万寿寺大雄宝殿的后面依照慈禧的模样建了一座观音像。建成后，李莲英立即跑到慈禧跟前说："在万寿寺大雄宝殿常有双佛显光，实乃大吉大利之照，奴才想请太后前去观看。"慈禧听后也感到很奇怪，便赶到了万寿寺，直奔大雄宝殿，可是见到的仍是原来供奉的一尊三世佛，便勃然大怒，呵斥李莲英："明明与先前无异，何来双佛显光？"李莲英不慌不忙地对慈禧说："太后息怒，请到后殿御览。"慈禧慢慢踱步至后殿，果然在三世佛的身后看见一尊慈眉善目的观世音端坐在殿中央，而且细看和自己还有几分相似。正当慈禧疑惑之时，李莲英喊道："老佛爷驾到。"寺院的住持和在场的文武大臣急忙跪伏高呼："恭迎老佛爷！"

慈禧心中顿时明白了一半，但仍故作不解地问："你们迎接的是哪位老佛爷？"李莲英答道："就是您这位太后老佛爷呀！您就是当今救苦救难的观世音菩萨啊！如今新皇尚幼，国不可一日无君，还望老佛爷能够垂帘听政，救大清臣民于水火之中啊！"这一席话让慈禧心花怒放。自此，"老佛爷"这个称呼就传遍京城。慈禧有了"老佛爷"的称号，便心安理得地垂帘听政了。

▲ 慈禧扮观音

仁寿门

东宫门内古树参天，笔直的御道直通仁寿门。仁寿门是一座木牌楼门，为宫廷区的二重门，位于东宫门和仁寿殿之间，该门匾额用汉满两种文字书写。它巧妙地融牌楼、衙署仪门等形式于一身，庄严而不失典雅。仁寿门有两个门扇，

▲ 仁寿门

有门簪、门钉、贴金，还有戗柱。仁寿门的两侧各有一座长 7.2 米的青砖影壁，庑殿式顶，上有砖雕浮龙，是颐和园内唯一的一座砖雕影壁。影壁与红墙连接，左右各有一个小随墙门、一峰太湖石。

猪猴石

仁寿门两侧各有一块青石，一块像猴，另一块像猪，人称"猪猴石"。它们寓意着神话中的孙悟空、猪八戒共同拱卫着皇家大门。二石均高 1.5 米左右，下衬汉白玉须弥长方形石座。左侧的猴石形状奇特峻峭，体态嶙峋，多褶皱纹理，形态颇似猴，神韵诙谐。

▲ 猪猴石

右侧的猪石浑厚雄壮，曲折圆润，石上多穿孔，形态酷似猪八戒，夸张幽默，憨态可掬。这两块奇石为古老的皇家园林平添了一道亮丽的风景。这两块奇石如同古代门神一样拱卫着皇家园林，驱鬼辟邪，祈福致庆。有这两块奇石在此守卫，妖魔鬼怪哪敢走近？可不曾想到，它们最终也没能挡住外国侵略者的步伐。

"仁寿门"匾额

该匾额的书法力道均匀，笔锋饱满圆润，颇具皇家韵味。

仁寿殿

▲ 仁寿殿

仁寿殿位于颐和园东宫门内，是宫廷区的主要建筑之一，原名勤政殿，始建于乾隆十五年（1750年），1860年被英法联军焚毁，光绪十二年（1886年）重建时，依《论语》中"仁者寿"之意取名仁寿殿。仁寿殿坐西向东，面阔七间，两侧有南北配殿，前有仁寿门，门外有南北九卿房，是慈禧太后和光绪皇帝在颐和园中处理政事、临朝听政和会见外宾的大殿，是颐和园政治活动区的主体建筑。1898年，光绪皇帝曾在此召见康有为，拉开了戊戌变法的大幕。

寿星石

寿星石位于仁寿门后正中位置，高3.9米，宽2.1米，色青圆润，造型奇异，形如一位拱手作揖的老寿星，故有"寿星石"之称。寿星石背面沟壑繁密，颇具山川灵秀之美，周围以汉白玉栏杆保护，石下为六角须弥汉白玉石座。颐和园中有很多太湖石，寿星石是其中最引人瞩目的一块。一般认为此石原为墨尔根园（即睿亲王园，"睿"字满语为"墨尔根"，此园在北京大学内）内的遗物，墨尔根园在明代是"石痴"米万钟的宅院，后康熙帝将其改为弘雅园，乾隆时期赐给和珅后改为淑春园，和珅倒台后又改为墨尔根园。所以，有人认为此寿星石最初的主人可能是米万钟。1886年，此石被移入颐和园，放在仁寿殿前，殿名、石名正好相符。但也有人考证认为，此石原为圆明园文源阁后的陈设石，1937年才移至此处。

▲ 寿星石正面

▲ 寿星石背面

峰虚五老

　　仁寿殿殿前庭院的四角有四峰太湖石，代表春、夏、秋、冬四季，又称"四季石"。东北角的春峰如春笋挺拔而出，给人以生发向上之感，寓意"春山澹冶而如笑"。东南角的夏峰孔洞极多，颜色淡雅，寓意"夏山苍翠而欲滴"。西北角的秋峰寓意"秋山明净而如妆"，其石上下瘦削而中间丰腴，多透漏凹豁，犹如丽人亭亭玉立。西南角的冬峰寓意"冬山惨淡而如睡"，此石凝重端庄，孔小而稀疏，颜色明亮，好似遮冰被雪。在冬峰上刻有乾隆题诗一首：

　　林瑟瑟，水泠泠。

　　溪风群籁动，山鸟一声鸣。

　　斯时斯景谁图得，非色非空吟不成。

▲ 春峰（殿前东北角）

▲ 夏峰（殿前东南角）

▲ 秋峰（殿前西北角）

▲ 冬峰（殿前西南角）

　　落款为甲子夏日御题，可见此诗作于乾隆甲子年（1744年），当时清漪园还未兴建。诗旁还盖有"乾隆宸翰""惟精惟一"两方印玺。从此诗可以断定冬峰是圆明园"四十景"之一的"水木明瑟"的旧物。根据记载，这四块太湖石是1937年6月从圆明园用车拉来的。

　　这四块太湖石加上中间的寿星石，象征庐山胜景——五老峰，寓意长寿，俗称"峰虚五老"。

香炉

香炉是"香道"必备的器具，也是华人民俗、宗教、祭祀活动中必不可少的供具。

受伤的麒麟

　　在颐和园东宫门内有一只紫铜制的神兽，坐在须弥座上。神兽高达两米，龙头、鹿角、牛蹄、狮尾，制作工艺精湛。这只神兽名叫麒麟，最早安放在圆明园宫门内，当时摆放在那里的共有两只。关于这只受伤的神兽，还有一段神奇的传说。相传麒麟是东海龙王的第八个儿子，有辨别忠奸的神力。如果麒麟见到街上有人争斗，它能分辨出谁是谁非，并用角去顶撞无理的一方。在民间传说中麒麟还有灭火的神力，每遇火灾它便保护园内安全。1860年，英法联军攻入北京城，咸丰皇帝逃到了避暑山庄。英法联军对京城进行了大肆抢夺后，又派兵攻入了圆明园。麒麟能辨别忠奸，见到这伙强盗不是好人，便气不打一处来，就用头上的角朝英法联军顶去，英法联军哪里受得住神兽顶撞，只见一个联军士兵立即口吐鲜血而亡。可是，怎奈英法联军人多势众，冷不防从右侧来了一个联军军官，用刀砍断了这只麒麟的前腿。英法联军倚仗人多势众，攻入了圆明园，大肆对园内珍宝进行抢夺，为了消灭罪证而放火烧园。那只麒麟因腿部受伤也无法灭火了，另一只麒麟奋力灭火，只见它一头扎进水中，吸足了水，腾空而起，向火场喷水，怎奈着火的面积太大，它的伙伴又受了伤，由于身单力薄，以致全园被烧光，那只灭火的麒麟也葬身火海。这些毕竟是民间传说，反映了民众鞭挞丑恶的心声。颐和园的那只麒麟的确是在火烧圆明园中受的伤，后来人们把这只受伤的麒麟移到了颐和园里。但麒麟的腿究竟是怎么受伤的，至今尚未发现相关的文字记载。人们重修颐和园时，在仓库里发现了这只麒麟，就请高明的铜匠为它做了焊接"手术"。麒麟接上被砍断的右腿后又威风凛凛地坐在了仁寿殿前。如果不相信，可以仔细观察一下，那只麒麟右腿上还有焊接的痕迹呢！从此这只麒麟又成为颐和园镇火的神兽。而且，它还增加了新的使命：提醒来园参观的国人，勿忘国耻，自强不息！

▶ 麒麟

铜龙、铜凤

颐和园的仁寿殿前从南向北依次安放着铜龙、铜凤等6个铜铸品，其造型生动，栩栩如生，象征着龙凤呈祥。铜龙长1.53米，高1.32米，做奔走状，置于水波纹铜座上。铜凤长1.53米，高1.49米，做行走状，置于山式铜座上。铜龙、铜凤均空腹，是帝、后举办朝会时点燃檀香的用品。当腹内燃起檀香时，香烟即从龙、凤口中喷出。我国古代历来以龙象征皇帝、凤象征皇后，习惯的设置是龙居中间，凤靠边侧，在清漪园时期这里的陈设就是如此。但慈禧掌权后，便将龙、凤位置互换，即"凤在上，龙在下"，以显示她的权威。后来铜龙、铜凤被侵略者掠走，如今的龙、凤是光绪年间重新铸造的，在其底座上还能看到"光绪年制"的字样。

▲ 铜龙

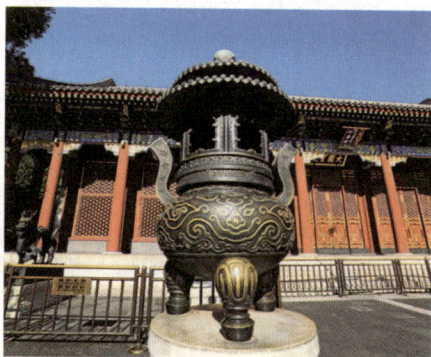

铜凤

铜凤放在帝王殿前，象征有凤来仪、吉祥如意。

铜缸

▲ 仁寿殿前铜缸

铜缸在古时的功能并不是用来装饰，而主要是用来贮水的防火用具，也有礼仪性质。缸内平时注满水，随时可以灭火。到了冬季，为了防止缸内的水结冰，还有专门的太监负责在缸外套上风套以保温并加盖，缸底还要燃起炭火，直到来年春暖时才撤火。仁寿殿前左右各放有一铜缸，其外径1.315米，高0.61米，腹部有金色万字、寿字图案，左右双兽衔环处有小鎏金万字、寿字图案，其外侧刻有"光绪年制""天地一家春"款识。此外，颐和园乐寿堂、德和园庆善堂、排云殿等处都有相同形制的铜缸。

鼎式香炉

一般皇家建筑前均设有鼎式香炉，一方面，可体现皇权的威严；另一方面，每遇大朝，人们在炉内点燃檀香或藏香后四处青烟缭绕，香气袭人，可衬托皇权的神秘。

▲ 仁寿殿前鼎式香炉

"大圆宝镜"匾额

"大圆宝镜"匾额是仁寿殿内檐匾额，"大圆宝镜"意为执政者智慧如同大圆明镜，可以洞察一切。关于这块匾额还有一个传说。据说八国联军攻打北京时，慈禧太后在逃跑之前下令将珍妃投井。珍妃死后，慈禧每每疑心生暗鬼，于是大臣们请了跳大神的人，跳大神的人在宝座上方挂了一块"大圆宝镜"匾额，说这样能避邪。从此，仁寿殿里就多了一块"大圆宝镜"匾。

▲ "大圆宝镜"匾额

实际上，"大圆宝镜"之意来自佛教，佛教中有"五智"之说，即大圆镜智、平等性智、妙观察智、成所作智、法界体性智，代表东南西北中五方佛，大圆镜智是东方阿閦佛所代表的智慧。在佛教修行中，大圆镜智是转阿赖耶识所得之智。此智离诸分别，所缘行相，微细难知，不妄不愚一切镜相，性相清净，离诸杂染，如大圆镜之光明，遍映万象事理，纤毫不遗。慈禧太后之所以挂此匾额，是希望自己的智慧如同大圆宝镜一般可以洞察一切。

金字大匾、九龙宝座

在仁寿殿内，高悬金字"寿协仁符"大匾。"寿"是长寿，"协"是和谐，"仁"是仁君，"符"是瑞英，寓意统治者长寿、英明。当然，这块匾是慈禧用来标榜自己的。

大殿正中放着慈禧、光绪朝会大臣的九龙宝座。宝座由极名贵的紫檀木精心雕刻而成，椅背上雕有九条金龙，栩栩如生，令人拍手叫绝。宝座四周设有掌扇、鼎炉、鹤灯、甪端等。

殿内最吸引人的是一只龙头、狮尾、鹿角、牛蹄、遍体鳞甲的蹲在石须弥座上的铜制神兽，它就是传说中象征富贵吉祥的麒麟。

▲ 仁寿殿内景

甪端

仁寿殿九龙宝座前的那个神兽叫作"甪端"，是汉族神话传说中的神兽。它外形怪异，犀角、狮身、龙背、熊爪、鱼鳞、牛尾。相传，它可以日行一万八千里，通晓四夷语言。它置于皇帝宝座旁，象征八方来朝，皇帝乃圣明之君，能秉公执法。

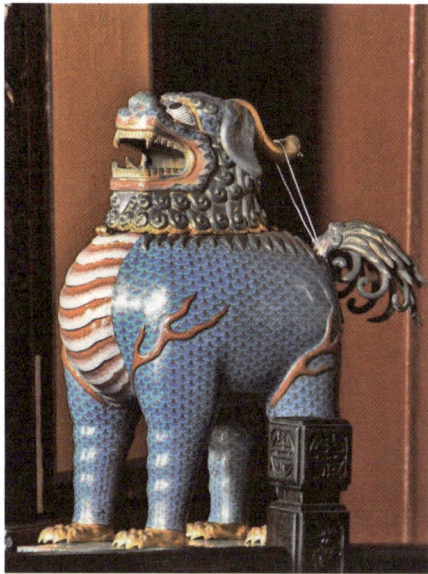

仁寿殿的"寿"字

仁寿殿之名来自《论语》中的"仁者寿"，意为施仁政者长寿，慈禧用其标榜自己。殿内陈设极其奢华，九龙宝座后有用孔雀羽毛编的掌扇和刻有 200 余个不同写法的"寿"字屏风。仁寿殿四周房檐的滴水瓦上也刻上了"寿"字图案，两侧各 78 个，前后各 128 个。

殿内还陈设了许多宝石花篮，有一米多高，各种花朵都是用宝石雕琢而成的。大殿暖阁壁上悬挂的大"寿"字是写在绘有蝙蝠和彩云的图案上，名为"百福捧寿"。

▲ 甪端

金甪端香熏

据说甪端只陪伴明君，专为英明帝王传书护驾，寄寓了汉族人民对美好生活的向往。

▲ 仁寿殿

光绪帝召见康有为

在民族危机日益严重的情况下，康有为多次上书，痛陈变法之迫切，使光绪帝深受感动。1898年6月11日光绪帝颁布"明定国是诏"，变法运动正式开始。6月16日光绪帝在颐和园召见康有为，商讨变法的具体步骤和措施，君臣相见恨晚，促膝而谈。康有为痛陈国家处于危亡时刻，请求光绪帝统筹全局，实行变法。光绪帝表示赞成。康有为问："皇上之圣既见及此，何为久而不举，坐致割弱？"光绪帝防人偷听，看了一下窗外，然后叹息地说："奈掣肘何？"康有为详细地陈述了他的意见，深得光绪帝的赞许。之后，光绪帝任命康有为为总理衙门章京行走。从此，康有为不断提出一些新政建议，大部分被采纳，并以上谕形式颁布。

▲ 光绪二十年（1894年）所制玉玺，象征慈禧太后的至高权力

延年井

仁寿殿北侧国华台下有一口水井，叫延年井，开凿于1903年，是帝、后茶膳的专用水源。井壁四周由青砖砌筑，外面用竹板拼成竹井壁。水井深约百米，井水甘洌。清代井上安装了一架汲水机，外建一间竹板小屋。据说有一次慈禧在游园时中暑，幸亏喝了此井的水才解暑，于是赐名为"延年"。慈禧对这口井的感情胜过金银珠宝，1900年八国联军攻入北京前，传闻慈禧在离京前还专门来此饮水。慈禧死后，此井被废，中华人民共和

▲ 延年井

国成立后此井才得以重见天日。现在看到的井是1984年按原样修复的。"延年井"三个字由当代著名书法家王遐举题写。

仁寿殿慈禧大哭

一说起慈禧太后，大家似乎只有一种印象，即垂帘听政、独断专行、六亲不认、丧权辱国等，总之都是些负面评价。但是，慈禧作为一个女人，终究还是有一些母性情怀或者说难言的苦衷，比如她曾当着文武百官的面在仁寿殿大哭。

慈禧发动辛酉政变之后，逐渐掌握了清政府的军政大权，成为事实上的一代"女皇"。光绪作为慈禧的侄子，虽非慈禧亲生，但慈禧却视如己出一般把光绪当作和同治帝一样的亲骨肉对待。光绪从小体弱多病，夜晚每遇打雷他一个人不敢睡觉，慈禧总会陪在他身边。另外，光绪有肚脐流脓的毛病，慈禧都会亲自为他擦拭。总之，在生活起居上慈禧对光绪照顾周到；在学习上，慈禧对光绪要求严格，希望他日后成为栋梁之才。但是，光绪和同治存在相同的致命之处，即性格懦弱、治国无能。

面对单纯而固执、心胸又狭窄的光绪，慈禧也是

▲ "仁寿殿"匾额

慈禧皇后之宝

此宝象征慈禧拥有的权力，是用来掌管后宫的。

没有一点办法。然而，企图通过模仿日本"明治维新"而走上强国之路的康有为、梁启超等维新党人深知只有凭借一定的力量才能变法成功，所以他们选择了光绪作为后盾。可是，光绪压根儿就不懂什么叫"变法"、什么叫"改革"。在康梁等人多次向光绪陈述"变法"新政后，光绪决定支持维新派的主张。起初，慈禧也恩准了光绪和维新派的部分改革意见。

然而，戊戌变法开始后，随着光绪和慈禧的个人矛盾日渐激化，个人矛盾最终演变成了政治矛盾，帝党与后党争斗日益激烈，从而使得"百日维新"以失败告终。了解历史的人都知道，戊戌变法失败的一个重要原因就是袁世凯告密。

慈禧听说了关于维新派预谋政变的事情之后，既非常震惊又非常伤心。光绪和维新派共同把矛头指向她，要实行兵变。她觉得自己是养虎为患，于是一气之下把光绪囚禁了起来。

其实，慈禧心里很不是滋味，她对光绪也是恨铁不成钢，屡次给他机会，但都不成功。没想到，这一次光绪还借着"变法"要来夺权。备感委屈的慈禧有一次在仁寿殿里还当着百官的面哭了起来。她边哭边骂，说她待光绪比亲儿子还亲，可是在她把这只"小雏雀"哺育长大后，他反过来要啄她的眼……她一个劲儿地哭，哭声震惊朝野，在场的百官深为感动。这样来看，即使是贪恋权位如慈禧这般，也确实待光绪视如己出，虽然在很大程度上光绪只是个傀儡而已。另外，慈禧也有难言之痛：少年丧父，青年丧夫，中年丧子。这也应验了人们常说的那句话：可恨之人必有其可怜之处，可怜之人必有其可恨之处。

玉澜堂

玉澜堂始建于乾隆十五年（1750年），1860年被英法联军所毁，1886年重建。玉澜堂曾是乾隆皇帝的一座书堂，嘉庆皇帝也曾在这里办公、用膳、召见大臣。道光年间，为节俭开支，撤走了一些陈设，这里被用来赐宴有功的大臣。正殿内陈设的

▲ 玉澜堂

大都是乾隆年间的制品，御案后的紫檀木屏风很有特色，画面立体感很强。宝座、御案、香几等均由浅色沉香木和深色紫檀木制成，极为珍贵。东暖阁是早膳室，西暖阁是寝宫，现在陈设的为原物。光绪年间，这里成为光绪皇帝在颐和园的居所。戊戌变法失败后，光绪皇帝长期被慈禧太后幽禁于此，东西配殿及后檐都被砌墙堵死，以防止他与外界沟通。

▲ 玉澜堂内景

"复殿留景"匾额

在玉澜堂大殿正中悬挂着"复殿留景"匾额。其中，"复殿"是深宫的意思；"景"指景星，根据我国古代星相学，这里借指有道的明君。整块匾的意思就是深宫中居住着圣明之君。当然，这里住的不过是空有理想，却没有实际权力的傀儡皇帝。

东西配殿

　　玉澜堂设有东西配殿。东配殿为"霞芬室",西配殿为"藕香榭"。在清漪园时期,这两座宫殿的陈设相当丰富,有罗汉宝座床、九屏照壁、宫扇、绣墩、炕案、插屏镜、条案、册页、字画等。现在透过这两座宫殿的正门,均可见有一道石砖墙,据说这是当年慈禧太后为囚禁光绪而砌的墙,以免光绪与外界接触。

▲ 东配殿"霞芬室"

▲ 西配殿"藕香榭"

▲ 西配殿内石砖墙

西配殿的窗户装饰

颐和园的窗户均有不同的装饰图案,尽显豪华、大气,帝王宫殿的气派一览无余。

光绪为何叫慈禧"亲爸爸"

据说，光绪无论在何地拜见慈禧，都称她为"亲爸爸"。乍听到这种称呼，不禁让人匪夷所思，可能有人认为这只是满族的旧风俗，其实不然。这个别出心裁的称呼是慈禧为自己"量身定做"的，因为慈禧是咸丰皇帝的贵妃，光绪的父亲是咸丰的弟弟，光绪的母亲则是慈禧的亲妹妹，因而光绪既是慈禧的亲侄子，也是她的亲外甥。慈禧曾说："光绪皇帝是我妹妹的儿子，我妹妹的儿子就和我亲生的一样。"慈禧的亲生儿子同治帝死后，由于同治没有后代，由其堂兄弟光绪继位也符合礼法。慈禧在同治、光绪两朝垂帘听政，成为清朝事实上的最高统治者，相当于太上皇的地位。所以，慈禧喜欢光绪用代表男性的字眼"爸爸"来称呼她，前面加上一个"亲"字，就更显得他们之间关系亲近了。

▲ 慈禧太后

▲ 光绪皇帝

囚徒皇帝

瀛台是位于中南海南海中的仙岛皇宫，始建于明朝，清朝顺治、康熙年间曾两次修建，是帝、后的听政、避暑和居住地。因其四面临水，衬以亭台楼阁，像座海中仙岛，故名瀛台。清顺治年间修葺扩建后改名为瀛台，当年康熙和乾隆曾多次在此听政、赐宴。

戊戌变法失败后，慈禧盛怒之下把光绪囚禁于涵元殿。涵元殿是瀛台正殿，坐北朝南，北有涵元门与翔鸾阁相

▲ 中南海瀛台

对，南有香扆殿与迎薰亭相望，隔海便为新华门，其建筑规模虽不如紫禁城，却也富丽堂皇。但是，自从光绪被囚禁于涵元殿，此地便被凄凉、惨淡的气氛所笼罩。光绪除每天清晨陪慈禧上早朝外，其余时间便被囚禁于此，严禁外出。侍奉光绪的太监均经慈禧的心腹李莲英亲自挑选，对光绪名为服侍实为监视。据说某年冬季的一天，南海水面已经结冰，光绪微服出行，孰知刚走不远，便被守门人发现，当即"跪阻"而返。事后，慈禧闻知此事，居然命人把水面的冰凿开，以防光绪逃走。

光绪被囚瀛台期间，身心备受折磨。据说涵元殿纸糊的窗户破了之后，竟没人修补，在北国严寒的冬天是令人难以忍受的。光绪在凛冽的寒风中竟冻得浑身发抖，手足麻木。光绪帝登基以后，未能励精图治而复兴祖业，自身也落到"欲飞无羽翼，欲渡无舟楫"的地步，难怪他不时慨叹："我不如汉献帝！"

支持光绪变法的珍妃被慈禧打入冷宫，并永远不准光绪与她相见。光绪为了与他所爱的珍妃见一面，不得不在深夜由心腹太监冒死拉船偷渡。1900年八国联军攻入北京前慈禧仓皇出逃，匆忙中还不忘命人把珍妃投入井中淹死，可见慈禧是多么仇视一切与维新有关系的人。

光绪在瀛台的囚禁生活中度过了生命的最后岁月，直到光绪三十四年（1908年）十月二十一日先于慈禧一天死于涵元殿东室，结束了他的一生。

光绪皇帝死亡之谜

　　1908年11月14日，即光绪三十四年农历十月二十一日，38岁的光绪皇帝在中南海瀛台涵元殿驾崩。第二天下午，慈禧太后病亡于中南海仪鸾殿。两人相继辞世间隔不足24小时，于是各种评论和猜测随之而起。怀疑光绪皇帝被谋杀的说法不胫而走，由于这种怀疑缺乏可信的证据而成为历史谜团。

　　首先被怀疑的是慈禧太后，许多人认为她害怕自己死后光绪帝掌权会翻案，因此在自己临死前将他害死。据长期陪侍在光绪帝身边的恽毓鼎在《崇陵传信录》中记载，光绪死前11天是慈禧生日，光绪率百官贺寿，但慈禧拒见光绪。名医屈贵庭在《诊治光绪皇帝秘记》中称，光绪死前三天，"在床上乱滚"，"大叫肚子痛得不得了"，且"面黑，舌焦黄"，"此病与前病绝少关系"。

　　李莲英、袁世凯甚至隆裕皇后也都被怀疑是凶手。德龄公主在《瀛台泣血记》中认为，大太监李莲英等人平日仗着慈禧太后的权势，经常愚弄光绪帝，因害怕慈禧死后光绪重新执政会清算他们的昔日罪孽，因此先下手为强而将光绪害死。溥仪在《我的前半生》中认为袁世凯在戊戌变法中辜负了光绪帝的信任，也担心光绪重新执政后遭清算，于是借机将其毒死。还有人说因光绪帝与隆裕皇后感情不和，日久生恨，隆裕皇后狠下毒手。

　　众说纷纭，莫衷一是，很多只是一面之词，不足为证。究竟光绪是怎么死的？在中国第一历史档案馆所藏清宫医案（又称"脉案"）中，有大量光绪的病案，并且保存得相当完整。20世纪80年代，清史研究更加重视清宫档案。历史学家、档案学家和医学家共同合作，仔细研究后得出结论：光绪身体虚弱，最终久治不愈而亡。

　　以上说法可信吗？2003年中央电视台组织了包括中国原子能科学研究院、北京公安局法医检验鉴定中心和清西陵文物管理处的相关专家对光绪的头发进行了研究，发现光绪的两小绺头发的砷含量的最高值远远高于当代人，也远远高于其棺椁内物品和墓内外环境样品的最高含砷量。2008年11月3日，国家清史编纂委员会在北京举行光绪死因研究报告会，正式宣布光绪死于急性砒霜中毒。

　　从检测结果与史料记载来看，这或许就是光绪死亡的真相。以当时的条件、环境而论，如果没有慈禧太后的授意，谁也不敢、不能下手杀害光绪。但要想得出最终结论，尚需进一步研究论证。

▲ 光绪皇帝朝服像

袁世凯变节

袁世凯（1859—1916），字慰亭、慰廷，号容庵、洗心亭主人，祖籍河南项城，人称"袁项城"，中国近代政治家、军事家，北洋军阀领袖。

1874年年初，袁世凯跟随叔叔袁保恒赴北京读书，1876年秋返回河南参加科考，但名落孙山。1879年，袁世凯以捐赈款而捐得"中书科中书"官衔，同年秋再度参加乡试，再次落榜。1881年，袁世凯前往山东登州投奔吴长庆，后被破格提拔为帮办营务处。1882年，袁世凯的人生轨迹发生了转变，就在他打算第三次应举时，清朝属国——朝鲜突发"壬午军乱"，他于是跟随吴长庆东渡朝鲜平乱。在平乱过程中，他因英勇而获得首功。之后，他留朝帮助训练朝鲜新军，被称为"袁司马"。1884年，他又平定了朝鲜的"甲申政变"，受到北洋大臣李鸿章的赏识。

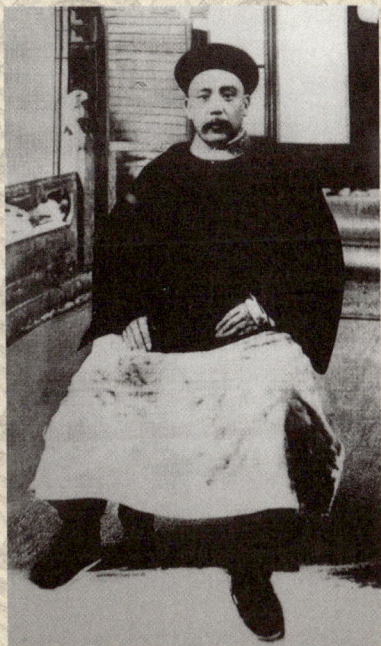

▲ 袁世凯

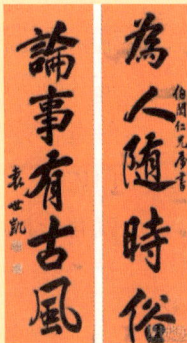

1894年，朝鲜爆发东学党起义，袁世凯逃回国内。1895年，在李鸿章等人保荐下，袁世凯入京觐见光绪，向光绪提出了建设新军等主张。随后，袁世凯在天津开始编练中国首支新式陆军。这支军队以德国陆军为蓝本，制定了一整套近代陆军的制度，在武器装备上也大胆采用先进的西方技术。这支队伍后来发展成为北洋六镇，即所谓的北洋新军。因而，袁世凯被认为是北洋军阀的创始人。此外，新军中成长起来的一些人日后大都成了军政要人，如徐世昌、段祺瑞、冯国璋、曹锟、张勋等。

正是从觐见光绪到天津练兵期间，袁世凯接受了"维新变法"思想，加入了康有为、梁启超等发起的强学会，并且与康梁等维新派交往甚密。由于他也曾为"变法"积极奔走，使得维新派视其为同路人，对其很信任，这也为其后来告密埋下了祸根。

1898年，光绪和康梁等维新派（帝党）实行"戊戌变法"，但是帝党和后党（慈禧太后等顽固派）发生了矛盾，水火不容。维新派一开始寄希望于袁世凯，在7月底派人前往天津联络袁世凯，试探了他的态度。接着，康有为认定袁世凯可信，于是向光绪举荐袁世凯为工部右侍郎。9月18日，光绪下了"朕位且不能保"的密诏，意图让维新派发动兵变，控制慈禧太后，而这一任务被维新派委托在袁世凯身上。当夜，谭嗣同将"围园劫太后"的行动告知袁世凯，袁世凯表面上答应了请求。9月20日，光绪召见袁世凯。然而一回到天津后，袁世凯便向直隶总督兼北洋大臣荣禄告密。9月21日，慈禧太后发动"戊戌政变"，将光绪囚禁于中南海瀛台，罢斥康梁等维新派，杀害"戊戌六君子"，"戊戌变法"终告失败。

玉澜门

玉澜门是玉澜堂的正门，采用中国传统四合院住宅建筑中王府大门的形式（殿式门），灰瓦红墙，面阔三间，坐北朝南，柱高3.47米。由于光绪皇帝曾被囚禁于门内，一进入此门就有一种压抑的感觉。

▲ 玉澜门

子母石

玉澜门前有两块不起眼的石头，左边为钟乳石，右边为角砾状灰岩，两石虽外貌朴实无华，但却有一段故事。传说这两块石头是一雄一雌，雄的是光绪，雌的是慈禧，两石日日夜夜冷眼相望，仿佛仍旧在诉说着那段沧桑的历史。相传这两块石头原不是园内之物。光绪亲政后，慈禧仍控制着朝政，掌握着实权。光绪在康有为、梁启超等维新派的影响下日益偏向维新改革。慈禧为了警示光绪，特从静宜园（今香山）移来二石置于玉澜堂前，称之为"子母石"，以母子之情告诫光绪，不要忘了慈禧的训诫。

◀ 子母石

夕佳楼

　　夕佳楼是位于昆明湖东北岸的一座两层小楼，硬山顶，始建于乾隆十五年（1750年），重建于光绪十二年（1886年）。黄昏时登楼眺望西山晚霞，观景极佳。此楼临湖而建，其东侧楼前小院实际处在玉澜堂与宜芸馆之间，其院落的北面即为宜芸馆的正门，院内有仿江南狮子林的大型假山，用太湖石堆叠而成，增加了院落的观赏气氛。夕佳楼虽不高，却突破了昆明湖东岸的湖畔建筑群平淡的轮廓，丰富了水面的景观效果。

▲ 夕佳楼一

▲ 夕佳楼二

"夕佳楼"匾额

夕佳楼的名字取自陶渊明的《饮酒》中"山气日夕佳，飞鸟相与还"。

宜芸馆

宜芸馆位于玉澜堂后，始建于乾隆十五年（1750年），1860年被英法联军烧毁，1886年重建。"芸"是一种香草，可以防治书中蛀虫。宜芸馆原是藏书之处，所以有此名称。

宜芸馆正殿由八间房组成，分前五间和后三间，前后有门，室内宽敞，有精美的落地雕花隔扇，布局典雅豪华。东西配殿各有五间，也都有前后门，东配殿称道存斋，西配殿名近西轩。

宜芸馆是光绪帝的皇后隆裕在园中的居所。隆裕皇后是慈禧太后的亲侄女，光绪十五年（1886年）被立为皇后，但帝、后关系一直不和。光绪帝逝世后，溥仪继位，隆裕被尊为皇太后。武昌起义后，隆裕以太后身份命溥仪退位。

宜芸馆内家具俱为珍品，用宝石、竹丝镶嵌。院内两廊壁间嵌有十块石刻，俱为乾隆皇帝临摹的书法真迹，其中尤其以南墙上的"三希堂"书法石刻最为珍贵。

▲ 宜芸馆

▲ 宜芸馆内景

懦弱的隆裕皇后

　　隆裕皇后是慈禧太后的亲侄女，也就是光绪的表姐。据说光绪在选皇后时并未看中隆裕，慈禧为了"亲上加亲"，也为了更好地控制住光绪，逼迫光绪立隆裕为皇后。相传大婚之夜，光绪与隆裕抱头痛哭，各怀心事。在这场婚姻中，光绪与隆裕都是牺牲品。在慈禧和光绪的政治角逐中，这位没有享受过一天夫妻温情的皇后处境尴尬而又无能为力。在光绪与珍妃的爱情故事中，她也只是一个旁观者。她姿色并不出众，且性格懦弱，身为皇后既不得宠，在宫中也得不到慈禧太后的欢心，平日与诸命妇、王妃见面时也不太有威信。光绪二十六年（1900年），在八国联军攻入紫禁城前夕，隆裕随着慈禧太后、光绪帝和其余宫眷一同逃往西安。光绪二十七年（1901年），他们返回了紫禁城，而在珍妃死后，隆裕依然不得宠。1913年2月22日，隆裕太后在西六宫之一的太极殿病逝，享年45岁，上谥曰孝定隆裕宽惠慎哲协天保圣景皇后，中华民国政府以国丧规格处理丧事，将其与光绪帝合葬崇陵（河北易县清西陵）。

▲ 隆裕皇后朝服像

▶ 河北易县崇陵碑亭

崇陵是光绪皇帝与隆裕皇后合葬的陵寝。

◀ 宜芸馆的隆裕皇后寝室

宜芸门

宜芸门位于玉澜堂北侧，是宜芸馆建筑群的入口，为中国古代建筑中典型的垂花门形式。宜芸门内侧廊壁（南墙）上镶有十几块"三希堂"书法石刻，是乾隆皇帝临摹的各家法帖，以前藏于惠山园内，重建时移于此处。

▲ 宜芸门内长廊及廊壁（南墙）上的"三希堂"书法石刻

▲ 宜芸门

"狮子林"

在宜云门前和玉澜堂之间有个院落，院落中有漂亮的假山石，这是仿照苏州狮子林堆砌的，名曰"狮子林"。

"狮子林" ▶

道存斋与近西轩

宜芸馆东配殿为道存斋，面阔五间，硬山顶。前有走廊环绕，前檐挂"恩风长扇"匾，后檐挂"膏泽应时"匾。

宜芸馆西配殿为近西轩，面阔五间，硬山顶。前出廊，前檐挂"藻绘呈瑞"匾，后檐挂"烟云献彩"匾。这里曾是光绪帝宠妃珍妃的住所。戊戌变法失败后，慈禧命令隆裕皇后住到石丈亭北西四所的第一所，让珍妃住到第二所。此后，光绪帝便很难见到自己的宠妃了。

▲ 近西轩"藻绘呈瑞"匾额

▲ 道存斋内景

▲ 道存斋

"宜芸门"匾额

"宜芸"二字来自《续博物志》："芸香辟纸鱼蠹，故藏书台称芸台。"

命运多舛的珍妃

珍妃，满洲镶红旗人，清朝光绪帝最宠爱的妃子。1889年珍妃和姐姐瑾妃一起被选入宫中，13岁被封为珍嫔，直至光绪二十年（1894年）甲午春，因慈禧太后六旬万寿加恩得晋嫔为妃，后因获罪于慈禧太后而被投井杀害。珍妃死后先被追封为珍贵妃，宣统皇帝即位时追封她为恪顺皇贵妃。

光绪帝成婚后特别喜欢珍妃，而温婉可人、善解人意的珍妃也颇得慈禧的欢心，慈禧经常要她帮自己批阅奏章，而珍妃为慈禧批答也百无一失，慈禧听说珍妃写得一手好字，便常要她写一些福、禄、寿、喜的擘窠大字，作为慈禧赏赐大臣的礼物，珍妃心思乖巧，便模仿慈禧的笔意，更讨慈禧欢心。珍妃性喜丹青，慈禧还特地叫宫中的供奉缪素筠教她画花卉。这样大概过了一年，慈禧终于依依不舍地宣布结束垂帘听政，住到了颐和园。

慈禧天天在颐和园中想尽各种花样玩乐，皇后、妃嫔及公主、福晋们经常前往园中向慈禧请安，唯独难得看到珍妃在颐和园中出现。珍妃天天在皇宫和光绪待在一起，全身心地参与国家大政的兴革废举。

珍妃

光绪二十六年（1900年）夏天，八国联军侵华，扬言要慈禧交出政权。在八国联军逼近京城的时候，慈禧准备出逃，她把后妃都召集到宁寿宫，假惺惺地哭着说："谁料到今天怎么弄到这样的地步，洋人进京，你们必遭毒手，为了保住清白，我们娘儿们只有跳井了。"说完盯着珍妃说："你先下去！"

可怜的珍妃居然还说："不如请老佛爷暂时离开京城，让我与皇上留下来与洋人办交涉，事情总会有转圜的余地！"

慈禧听了这话，气得脸色发青，厉声喊道："把她扔到井中去！"光绪哀痛至极，跪地求情，慈禧更怒。太监二总管崔玉贵走到珍妃的身边说："请主儿遵旨吧！"珍妃就此香消玉殒。

传说慈禧回京后，曾让人从井中把珍妃捞起来，尸首仍颜色如生，胭脂尚存，只是失去了扎腿的一根飘带。

也有人说，珍妃是慈禧偷偷地命人丢到井中的，光绪当时并不知道这件事情。

现在到北京故宫游览，还可见到珍妃井，井中已没有水。珍妃先是葬在西直门外，光绪死后把她移葬崇陵，从此和光绪天天守在一起。

珍妃井

忠厚的瑾妃

瑾妃（1873 — 1924），姓他他拉氏，为礼部侍郎长叙之女，清朝末年光绪帝妃子。瑾妃有一妹，同为光绪帝妃子，即珍妃。光绪十四年（1888年），在光绪帝的选后大典上，瑾妃和妹妹珍妃同时入选，成为光绪帝的妃子，并在隔年元月行大婚礼，之后以瑾嫔和珍嫔的身份入宫。入宫之后，瑾嫔住在东六宫之一的永和宫，妹妹珍嫔也住在同为东六宫之一的景仁宫。瑾嫔在宫中并未如妹妹珍嫔一般获得光绪帝宠幸，相反，她和皇后一样受到冷落，但瑾嫔并不在意。六年后，两人被晋升为瑾妃和珍妃。瑾妃在永和宫过着很有品位的生活，时常以丹青书法自娱，在永和宫的摆设中有数种盆景，上面都镶嵌着精致的钟表和花鸟人物。瑾妃也是一位美食家，经常派人到京城附近的天福号买酱肘子供她吃，由于她喜爱美食，因此永和宫里小膳房的烹饪相当出色，逊清的王公旧臣都爱吃她赏的饭。

▲ 瑾妃

1924年，在和溥仪及其余逊清皇室成员欢度中秋佳节后，瑾妃受了风寒一病不起，五天后因病情恶化而死在永和宫，享年52岁，并以端康皇贵妃的身份下葬于光绪帝的崇陵妃园寝。后来在伪满洲国时期，溥仪将瑾妃改谥温靖皇贵妃。

▲ 北京故宫中的永和宫

晚年的瑾妃

瑾妃一生与世无争，性格忠厚而福泰，被宫中人称为"胖娘娘"。溥仪议婚时，她支持溥仪娶婉容为妻。

《三希堂法帖》

《三希堂法帖》是中国清代宫廷刻帖,刻于乾隆十二年(1747年),是乾隆皇帝敕命吏部尚书梁诗正、户部尚书蒋溥等人将内府所藏历代书法作品择其精要,由宋璋、扣住、二格、焦林等人镌刻而成。该法帖共分32册,刻石500余块,收集自魏晋至明代末年共134位书法家的300余件书法作品。该法帖中收有被当时乾隆帝视为三件稀世墨宝的东晋书法,即王羲之的《快雪时晴帖》、王献之的《中秋帖》和王珣的《伯远帖》,而珍藏这三件稀世珍宝的地方又被称为"三希堂",故该法帖取名《三希堂法帖》,全名是《御刻三希堂石渠宝笈法帖》。该法帖原刻石嵌于北京北海公园阅古楼墙内。

◀ 故宫三希堂

▼ 《快雪时晴帖》局部

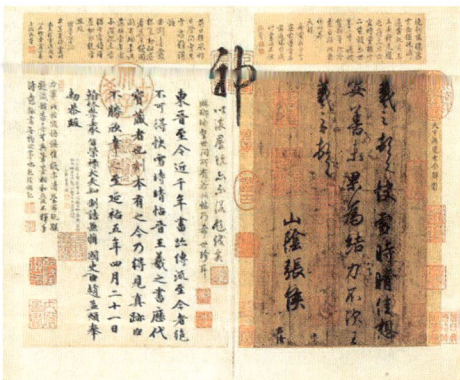

乐寿堂

乐寿堂始建于乾隆十五年（1750年），是乾隆皇帝为了给母亲祝寿而下令修建的。乐寿堂于1860年被毁，1887年重建，成为慈禧太后在园内的居所。乐寿堂背倚万寿山，面对昆明湖，东接仁寿殿，西连长廊，是帝、后生活

▲ 乐寿堂局部

区中位置最好的宫殿。乐寿堂也是园内生活区中装饰最华丽的一座宫殿。堂前种植了玉兰、西府海棠、牡丹等名贵花木，以表达"玉堂富贵"之意。

乐寿堂按照宫廷原状陈列，中间为起居室，内有用紫檀木雕刻而成的御案宝座，座旁有两只盛水果以闻香的青龙花大磁盘，四只用于烧檀香的九桃大铜炉。西套间为寝室，东套间为更衣室，室内的紫檀大衣柜为乾隆年间的遗物。据说乐寿堂是中国最先安装电灯的地方，慈禧太后是中国第一个使用电灯的人。

▲ 乐寿堂

乐寿堂太湖石

太湖石，又名窟窿石、假山石，是石灰岩经长时间侵蚀后慢慢形成的。太湖石色泽以白石为多，姿态万千，最能体现"皱、漏、瘦、透"之美。颐和园在多处布置有类似的太湖石，有较高的观赏价值。

▲ "乐寿堂"匾额

▲ "万寿无疆"匾额

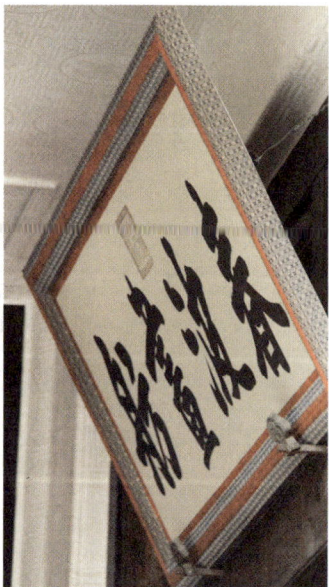

"乐寿堂"匾额

黑底金字"乐寿堂"横匾为光绪帝手书。乐寿堂的"乐寿"二字出自《论语·雍也》："知者乐水，仁者乐山；知者动，仁者静；知者乐，仁者寿。"

清朝乾隆皇帝在《御制诗·乐寿堂》里自注："向以万寿山背山临水，因名其堂曰'乐寿'。屡有诗，后得董其昌《论古帖》，知宋高宗内禅后，有乐寿老人之称，喜其不约而同，因此名宁寿宫书堂，以待倦勤后居之。"

堂内匾额

乐寿堂内共悬有 10 余块匾，如"慈晖懿祉""画图金碧""云榭风廊""阆风凌霄""太液云凝""春波画舫""烟霞舒卷""万寿无疆""宜芬散馥""三岛风和""惠蔼和风""三秀华芙"等。这些匾多为祝福之意，寓意万事吉祥、江山永固等，寄托了美好的愿望。

◀ "烟霞舒卷""春波画舫"匾额

慈禧太后其人其事

慈禧太后（1835年11月29日—1908年11月15日），叶赫那拉氏，安徽徽宁池太广道惠征的女儿，出生于北京城，满洲镶蓝旗，后抬入满洲镶黄旗的一个世袭官宦之家。她是清文宗咸丰皇帝的妃子，清穆宗同治皇帝的生母，以皇太后身份或垂帘听政或临朝称制，1861—1908年大清帝国的实际统治者。她死后谥号为"孝钦慈禧端佑康颐昭豫庄诚寿恭钦献崇熙配天兴圣显皇后"，谥号字数为大清皇后之最，亦超过大清开国皇后及孝德、孝贞二位皇后，同时也超过清军入关后所有清朝皇帝的谥号。

1875年1月，同治帝病逝。慈禧立五岁的载湉为帝，两宫太后又垂帘听政，依靠洋务派李鸿章等开办军事工业、训练海军和陆军，残酷镇压人民的反抗斗争。1889年2月，名义上由光绪帝亲政，实则"上（光绪帝）事太后谨，朝廷大政，必请命乃行"。中日甲午海战失败后，慈禧竭力扼杀资产阶级改良派发起的戊戌变法运动，1898年囚禁光绪帝，杀害了谭嗣同等六人。

▲ 慈禧太后

1900年八国联军入侵北京后，慈禧与光绪逃往西安，下令屠杀义和团，并与八国签订了丧权辱国的《辛丑条约》。1906年慈禧又宣布预备立宪。1908年11月14日，光绪帝去世。慈禧立醇亲王载沣的儿子、年仅3岁的溥仪为帝，年号宣统。次日，慈禧太后病死，享年74岁，葬于河北遵化清东陵。

慈禧能书善画，长于行书、楷书，有花卉绘画传世，同时也是误国殃民的"奇才"。

▲ 清东陵慈禧陵地宫内的慈禧棺椁

抱鼓石

抱鼓石是汉族四合院大门底部的石制构件，是门第符号，能体现屋主的等级差别和身份地位。在颐和园各门前，可见形式多样的抱鼓石。

室内陈设

清漪园初建时乐寿堂为二层建筑，是乾隆帝侍奉母亲休息的地方。由于乾隆帝的母亲信佛，乐寿堂的上层布置成佛堂陈设，供其烧香膜拜。咸丰十年（1860年）以后，乐寿堂原有的几千件陈设只剩下了一个未烧坏的四足铜炉和一个残破的盘子。慈禧太后修建颐和园时，将乐寿堂改为单层建筑，作为自己的寝宫，重新置办的陈设富丽堂皇。光绪二十八年（1902年）的陈设册

▲ 乐寿堂内景

记载：乐寿堂中有花觚、炉等古铜器 223 件，各式瓶、缸、罐等瓷器 223 件，紫檀雕龙宝座及各式硬木家具 178 件，大理石太少狮插屏、玻璃蝶式茶几、各式钟表、如意、手风扇、音乐柜、镜子、灯具、炕鱼桌等天字号陈设 248 件，总计 416 项 872 件陈设物品。清宫太监回忆："西太后对丈许高的穿衣镜、自鸣钟特别偏嗜，她寝宫内这两样东西特别多。各式钟表叮叮咚咚的响声对慈禧太后起催眠作用。"此时期堂中的陈设除了慈禧太后喜爱的珠宝、装饰外，很大一部分是与帝、后生活相关的必需品，还出现了电灯、电扇、唱机、外国香水等物品。

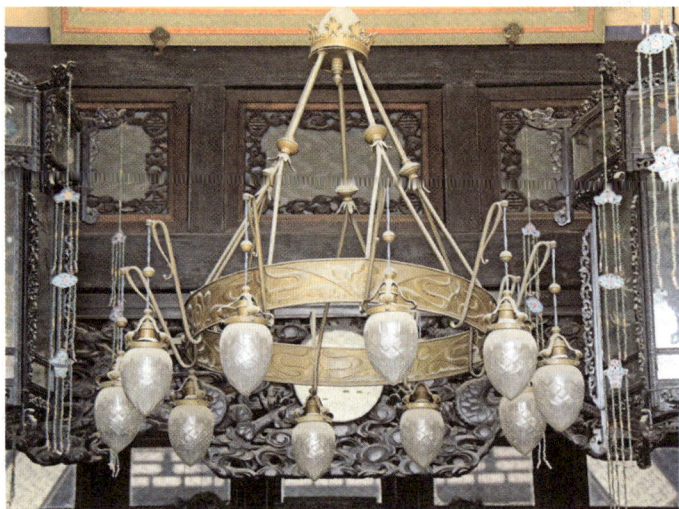

◀ 电灯

乐寿堂的电灯

乐寿堂是中国最早使用电灯的地方。1905 年，一位德国商人想打开中国电灯市场，于是重金贿赂慈禧身边的红人李莲英，想通过他让慈禧带头使用电灯。一天，慈禧傍晚回到乐寿堂，对突然出现的能发光的"茄子"非常感兴趣，于是慈禧开始用电灯，不久中国各大城市也开始出现了电灯。

乐寿堂"闹鬼"

有一年秋天，颐和园内一个叫张权的老太监向李莲英说情，让其收下他的一个小名叫"六子"的侄子进园做太监。但因张权没行贿，李莲英含恨在心。

▲ 扮作善财童子的李莲英

没过多长时间，小六子突然得了痢疾，上吐下泻。李莲英因一件小事将他抓了起来。后来慈禧见他不懂宫内规矩，加上李莲英在一旁添油加醋，便下令大刑伺候。可怜一个病重的孩子如何承受得起这般拷打，开始还苦苦哀求，哀求无效后便破口大骂，骂慈禧、李莲英不得好死。慈禧更生气了，不一会儿工夫，小六子就被打死了。慈禧被骂后受了虚惊，回到寝宫就睡下了，刚睡下便看到小六子满身是血地向她索命来了，吓得她昏了过去。从此，慈禧便患上了心病，一病不起。

宫里的太监、宫女都传闻小六子死得冤，以至于一有风吹草动就说是"六儿来了"。乐寿堂"闹鬼"越传越神，最后传遍了宫里官外。

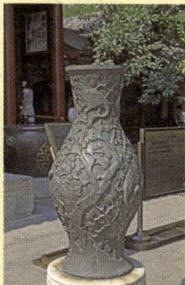
"六合太平"

乐寿堂是颐和园居住生活区中的主建筑，乐寿堂殿内有宝座、御案、掌扇及玻璃屏风。庭院内陈列着铜鹿、铜鹤和铜瓶。铜鹿铸于光绪年间，面南而立，东西各一只，鹿作奔走回首状，全身散布线刻梅花，背有盖。鹿左前足抬起，其他三足踏于铜山座上。铜仙鹤作停立长鸣状，踏于山形铜座上，铜座下置石束腰须弥座，铜座饰莲瓣图案。一对铜瓶通高 1.25 米，口径 0.37 米，底径 0.5 米。瓶肚突出，上铸三棵茂盛的松树，树的上、下各有三只鹤，鹤的姿态各异。松树、鹤均象征长寿。乐寿堂前的鹿、鹤、瓶陈设在一起，取其谐音为"六合太平"，也就是天下太平的意思。

▲ 铜鹤　　▲ 铜鹿

"玉堂富贵"

乐寿堂庭院内植有玉兰、海棠、牡丹等花卉，名花满院，寓意"玉堂富贵"。这里的玉兰花很有名，现在邀月门前的一株玉兰树是乾隆年间从南方移植来的。

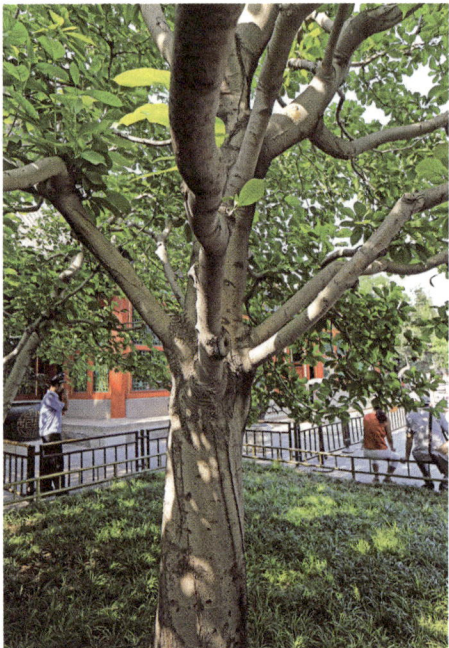

▲ 玉兰树

乐寿堂前玉兰树的来历

乐寿堂曾是慈禧的寝宫。在堂前院内种有多种名花，如玉兰、海棠、牡丹等，其中以玉兰花最有名。关于乐寿堂前玉兰树的来历，民间流传着一个凄美的传说。

据说每年七夕节，颐和园内会放假一天。然而说是放假，其实宫女们还是有事要做。白天宫女们每人都要制作一个盆景，参加盆景展览比赛。倘若谁的盆景被慈禧看中的话，有可能会得到赏赐，运气更好的宫女还会被放出宫去恢复自由。到了晚上，为了附会牛郎织女"七夕相会"的习俗，在昆明湖的铜牛和织女亭中间会搭起一座船桥，桥上挂两串灯笼，景象颇为迷人。

有一年七夕节，慈禧一大早来到颐和园观赏盆景。在千篇一律的盆景中，慈禧唯独看上了一个山水盆景，而这个盆景是一个从小被卖进宫里的名叫玉兰的穷苦孩子制作的。当慈禧召见了玉兰，觉得这姑娘长得漂亮，人也聪明，于是留在自己身边当了贴身宫女。

然而好景不长，贝勒家的公子哥端桥对玉兰见色起意，多次骚扰和调戏她。有一次，正当端桥调戏玉兰时，被侍卫扎哈玛及时制止了。扎哈玛英雄救美，玉兰以身相许，两人很快坠入爱河，经常偷偷幽会。可是，他们的一举一动被怀恨在心的端桥全部看在了眼里。

为了报复扎哈玛，端桥向总管太监李莲英告密，李莲英转而向慈禧告密。消息很快传到了玉兰的耳朵里，她知道大事不妙，赶紧通知了扎哈玛。他们二人决定在晚上一起逃走。

当晚，扎哈玛和玉兰乘坐小船从昆明湖出发，可是刚划到练桥时，桥洞被栅栏堵上了。突然，桥上火把亮起，只见端桥站在前方哈哈大笑。接着，乱箭齐发，扎哈玛为了保护玉兰而死于乱箭之下。这时，李莲英也乘着一条小船来了。眼看走投无路，玉兰抱着扎哈玛投水而死。

扎哈玛和玉兰死后，宫里那些同情他们的人悄悄把他们埋在了织女亭旁边。神奇的是，在他们的坟上竟然长出了两棵玉兰树，紫色玉兰树是扎哈玛的化身，白色玉兰树是玉兰的化身。

慈禧得知后，命人把两棵玉兰树都砍了。可是，它们又重新长了出来，并且更加枝繁叶茂。没办法，慈禧干脆将这两棵情侣树移植到乐寿堂前，并且让它们一左一右分列两边，再也无法相依相偎。不可思议的是，两棵玉兰树自此不再开花了。直到慈禧死后，大清灭亡，它们重新发芽、开花，恢复了往日生机。相传，每年七夕，有一对鸟儿会来到玉兰树上相会，人们说它们就是扎哈玛和玉兰的魂灵所化。

"天地一家春"大铜缸

当初慈禧进宫以后被封为兰贵人，受到咸丰帝的宠爱，不久就有了身孕。慈禧怀孕其间，咸丰又看上了四位美貌的汉族女子，分别封为牡丹春、海棠春、武陵春和杏花春，并把她们安置在圆明园中。慈禧见"四春"如此得宠便醋意大发，咸丰为了安抚她只好将她在圆明园的寝宫命名为"天地一家春"，意为凌驾在"四春"之上，是"世间第一美女"。

▲ 大铜缸

"天地一家春"可以算是慈禧的发迹之地，因而慈禧一生都对此念念不忘。后来慈禧重修颐和园时，本打算依当年的图样再建一座"天地一家春"，但最终由于经费困难而作罢。不甘心的慈禧心生一计，令工匠在铸造防火水缸时在每个缸上都刻上"天地一家春"的字样，以示纪念。

青芝岫

在乐寿堂院内南侧有一块色泽清润、形似灵芝的大青石，名叫"青芝岫"。这块石头还有一个名字叫"败家石"，一块石头怎么会有这么奇怪的名字呢？

据说明朝有一个叫米万钟的大臣，他在北京有一处私人花园叫勺园，他非常喜欢石头，收集成瘾。他在北京房山一带发现了这块大石头，并准备请人把它运到勺园。当此石运至良乡时，米家财力枯竭，只好作罢，从此这块石头便留在了良乡的路旁。清代乾隆皇帝有一次路过此地看见此石，喜出望外，于是下令将此石运往清漪园的乐寿堂，因水木自亲殿的门太小，只好破门而入。对此，乾隆的母亲非常生气地说："既败米家，又破我门，败家石呵！"从此，此石便有了"败家石"之称，后来乾隆因这块石头形似灵芝而称之为"青芝岫"。自从这块石头进园以后，清朝的国势也就一天不如一天了。

▲ 青芝岫

慈禧太后在乐寿堂

从这张照片看，年轻时的慈禧太后身板挺直、面目秀丽，显得高贵而傲慢。

东西配殿

　　乐寿堂正殿前东西两侧各有配殿五间,悬挂蝙蝠式匾。其中,东配殿东挂匾"润壁怀山"、西挂匾"舒华布实",西配殿东挂匾"仁以山悦"、西挂匾"景福来并"。

　　两座配殿北面各有耳房两间。正殿东西各有三间硬山顶值房。殿后还有九间罩房(后九间),坐北朝南,硬山顶。

▲ 乐寿堂东配殿匾额"润壁怀山"

▲ 乐寿堂西配殿匾额"景福来并"

▲ 乐寿堂东配殿

水木自亲码头

　　水木自亲殿坐北朝南，卷棚歇山，是一座面阔五间、前后穿堂的大殿。大殿南朝昆明湖，湖畔有一座青石码头，就是水木自亲码头。慈禧太后乘船游览昆明湖时都是穿过殿堂在码头上船，园内第一条电话线也是从这里架设的。码头上左右各有一棵古松，枝干弘髯，针叶横秋。站在松树前，远山近水，东堤南岛，鸢飞蓝天，鱼

▲ 水木自亲殿

跃碧水，莲荷送香，游船戏波，一派和谐安详、生机盎然的景象，怎能不与大自然融会贯通？

探海灯杆

　　在昆明湖东北面，临水矗立着一根高耸的灯杆，两根笔直的冲天柱上有一铜制的横楣连接，灯杆高近 20 米，是双木柱，上绘金色云龙，上托半圆形透雕龙纹的镀金铜梁，两条龙纹中间有一颗红色铜珠，铜珠下有滑车。过去宫里人给灯架起了个好听的名字"探海灯杆"。探海灯杆的作用首先是悬挂明灯照亮码头，以便慈禧太后登舟下舫。此外，灯杆还有一个用途：每晚慈禧太后睡下以后，灯杆就要悬起标志灯，园内各处人员只要看见此灯一亮，就再也不敢喧哗。一盏灯悬在这样的高杆之上，威仪也就不同一般了。"文化大革命"时，探海灯杆被拆除，只留下了固定木杆的两座雕花石头。据在颐和园工作多年的周先生介绍，当时铜制的横楣就弃置在东宫门内仁寿殿的后面，幸好那横楣不怕风雨侵蚀，完好保存下来。周先生说更幸运的还是那两根大柱子，它们被搬到一所礼堂内作为"椅凳"供人看电影、开会时使用，这才逃脱了作为劈柴的厄运，也完好保存下来，堪称奇迹。"文化大革命"后，公园管理处为恢复颐和园原貌，又把探海灯杆运回乐寿堂重新安装起来。

▲ 探海灯杆

皇家电话专线展

　　水木自亲殿是乐寿堂建筑群的宫门，五间穿堂殿，前有石造雕栏的临水码头。慈禧太后走水路出入颐和园时常在此码头乘船。1908年，清政府开通了颐和园水木自亲殿至西苑（中南海）来薰风门东配殿的电话专线，专供慈禧太后、光绪皇帝使用，使颐和园成为当时中国的政治、军事及外交指挥中心。这是中国历史上第一条皇家御用电话专线。

　　1902年慈禧太后与光绪皇帝从西安返京后，深切体会到通信快捷对处理军政事务的重要性，便开通了北京城（外务部）至颐和园步军衙门公所的电话线。随后，清政府又相继开通了东单二条电话局、海淀西苑电话二分局，连通了颐和园与清廷各府衙、八旗各军营的电话线路，构成了北京电话网的雏形。

　　1908年11月14—15日，光绪皇帝、慈禧太后相继在西苑涵元殿、仪鸾殿去世，同时也终止了颐和园至西苑的最高级别专线电话的使用。

◀皇家电话专线展

▼铁壳磁石式桌机（20世纪初德国西门子公司生产）

◀皇家电话专线展内景

永寿斋

　　永寿斋是慈禧当政时期最有权势的太监李莲英的住所，比光绪皇帝居住的玉澜堂还大。它位于乐寿堂北侧，俗称"总管院"。按清朝旧例，太监本不能住正房，但李莲英由于深得慈禧宠信，不仅住在正房，而且还拥有了一个很大的院子。院子由于缺了西房而不能称之为标准的四合院，可能

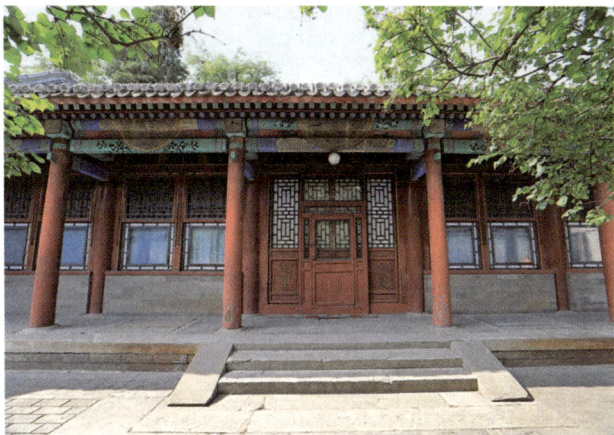

▲ 永寿斋

与李莲英的太监身份有关。如今，永寿斋内有三个展室，分别介绍中国太监的形成与发展，以及李莲英在此居住时的情况。

李莲英墓出土的扳指

李莲英是清末最有权势的宦官，大肆收受贿赂，一生集聚了许多财富。

大太监李莲英

　　李莲英（1848年11月12日—1911年3月4日），河北河间府大城县李家村人，咸丰七年（1857年）由郑亲王端华府送进皇宫当太监，是晚清著名的太监。李莲英在清宫长达52年，是慈禧太后最宠信的贴身太监，也是清代官位最高、权势最大、财富最多、任职时间最长的宦官。宣统三年（1911年），李莲英去世，葬于北京阜成门外恩济庄太监墓地。

▲ 永寿斋门

　　李莲英入宫后名叫李进喜，1871年进宫14年后，慈禧太后赐其名莲英，民间讹作莲英。他在慈禧太后身边受宠时以谨小慎微著称，朝廷大臣对他亦争相用银两贿赂笼络；一般宫内妃嫔触怒慈禧，他总是尽量替人美言遮盖，保护了许多人免于处分；就连常年遭慈禧冷落的光绪帝亦多番受其护助，所以宫内的人都对他有正面评价，谓之"恭慎"，并非戏剧与小说中作威作福的样子。然而他收受了许多官员的钱财，其贪财也是事实，很多晚清官员对此都有记载。总体来说，他事上以敬，事下以宽，谨小慎微。在慈禧太后晚年，他更像是慈禧太后的伴侣，而不是奴才。

李莲英死亡之谜

在大清朝风云变幻的历史中，李莲英可以说是一个声名显赫的人物。慈禧太后对李莲英的宠信已到了令人惊羡的地步。1911年，李莲英结束了自己的宦官生涯，享年64岁。他的死必然引起很多人的关注，那么他究竟是怎么死的呢？

据有关史料和李莲英的墓葬碑文记载，李莲英是病死的。李莲英的过继后人李乐正也说，祖父是死于痢疾，得病没多久就死了。然而，随着1966年李莲英坟墓初见天日，李莲英的死因又成了众人争论的焦点。在李莲英的棺椁里只有一颗腐烂的骷髅头，还有一双鞋底，此外连一小节指骨都没有。难道是盗墓者所为？可是陪葬的那么多稀世珍宝都安然无恙，这不免让人觉得李莲英之死并非那么简单，再结合当时李莲英权倾朝野的复杂形势，他杀倒似乎更有可能。可是究竟是谁与他有仇，将他杀死？又在何处杀死他的呢？一时间又是众说纷纭。一种说法是李莲英在后海被宫内的死敌小德张所杀，但似乎杀完人后留下脑袋而扛着身子走不太符合逻辑；另一种说法是说李莲英死于革命党之手；还有传言说李莲英是被宫中的仇敌杀死在去山东的路上。

然而终究没有任何直接证据能证明李莲英是被杀，由于史料记载大都模糊，似乎李莲英的死因在短期之内都不会有太明确的结果。但是有一点我们可以肯定，那就是李莲英绝非单纯的病死那么简单。

▲ 慈禧在乐寿堂前与后妃、宫眷、太监（前排李莲英在右，崔玉贵在左）等合影

李莲英墓地的独特之处

北京海淀区西八里庄以西的恩济庄是清代太监的墓地。在这片陵园中最独特、最能够引起人们注意的莫过于清末大太监李莲英的墓地了。

其一，李莲英的墓地规模最大。据民间传说，李莲英的墓地是强迫太监小德张与之交换的。为了营造自己的墓地，李莲英不惜耗费巨资、动用数千劳力。

其二，李莲英的坟墓是用鸡蛋清拌石灰修建而成的。虽然李莲英被慈禧破格封为宫内二品，但是大清朝从康熙年间就定下规矩，即内监职衔最高不能超过六品。所以，李莲英的坟墓不能超过二品的规制，故不能用砖垒砌。为了使坟墓坚固，李莲英派人从周围百里外村庄购买了大量鸡蛋，要蛋清不要蛋黄，用蛋清拌石灰、江米粥灌浆来修筑整个坟墓。所以，人们戏称李莲英的坟墓是一座"鸡蛋坟"。

▲ 李莲英

其三，李莲英下葬规格极高，陪葬品价值连城。1966年，李莲英墓被砸开后，发现其下葬规格是"金井玉葬"，这是清代极高的下葬规格。在李莲英的随葬品中有许多都是价值连城的宝物，其中一颗钻石帽饰比英国女王伊丽莎白戴的那颗还大。另外，还有汉朝的青玉土浸剑、满黄浸玉镯以及宋代的青玉褐浸环三件宝物，都堪称无价。

其四，李莲英尸体"有头无身"，隐藏巨大疑团。在李莲英的棺椁中只有一颗腐烂的骷髅头，于是就有了至今仍未解开的李莲英死亡之谜。

李莲英虽然遭到后人的唾弃，但是他的坟墓作为清史研究的重要实物却有着极为重要的历史和文化价值。

甲骨文"阉割"

在古代中国，阉割术源远流长。在殷商时代就有了阉割男性生殖器的意识与行为。

扬仁风

扬仁风是位于乐寿堂西北角的一处小花园，始建于乾隆年间，其前有月洞门，门内有方池，假山为乾隆年间所建。池北隙地草坪，原为乐安和五间佛殿。此院极具情趣，处处以扇为形，殿为扇面形，甚至连窗户、殿内宝座、御案、宫灯也都是扇面形，故俗称"扇面殿"。殿前台阶用条石砌成扇骨形，合起来就像一把打开的折扇。殿前有呈"一"字形的假山，假山后有一圈冬青树，中间有一条小径横穿而过，构成了"中"字。路的那边也是一座"一"字形

▲ 扬仁风

假山，加上"几"字形的围墙，繁体字的"风"就形成了。

乐寿堂与玉澜堂、宜芸馆的等级差异

中国古代建筑有一个重要的特点就是很讲究封建等级，特别是居住建筑，几乎是主人身份高低的直接体现，一组宫殿建筑的等级需要通过规模大小、大门和正殿的间数多少和屋顶形式以及彩画类型来决定。以此标准来考察，内寝区的乐寿堂、玉澜堂、宜芸馆三组建筑的等级差异是很明显的。从规模来看，乐寿堂院子很大，玉澜堂和宜芸馆明显小得多；从大门来看，乐寿堂的入口叫"水木自亲"，是一座五间门殿，而玉澜堂大门为三间，宜芸馆的前门只有一间垂花门；从正殿来看，乐寿堂有七间，屋顶是歇山式，玉澜堂和宜芸馆都是五间，屋顶是硬山式，比歇山式低两级；最后再看彩画，乐寿堂用的是旋子彩画，等级也高于玉澜堂和宜芸馆的苏式彩画。综合来看，乐寿堂的等级最高，玉澜堂次之，宜芸馆最低。这三组建筑代表着光绪时期太后、皇帝和皇后在宫廷中的实际地位。

▲ 乐寿堂旋子彩画

▲ 玉澜堂苏式彩画

慈禧的书法

慈禧能书善画,书法长于行书、楷书,有花卉绘画等传世。时至今日,人们仍可以在颐和园仁寿殿看到她所写的高约一丈、宽近五尺的"寿"字大立轴。2001年11月24日《北京日报》第3版也转载了她60岁时赐给两广水师提督郑绍金的手书"寿"字。尽管她的书法比不上书法家,但对一位皇太后来讲,已经算是不易了。慈禧太后御笔所作《福禄寿三字图》右上方有慈禧太后以楷书写的"光绪戊子新正御笔",下钤一方"爱物俭身"白文印、一方"法天立道"朱文印。上方正中钤一方"慈禧皇太后之宝"朱文大印。"光绪戊子新正"为清光绪十四年(1888年),可知为慈禧太后54岁时所作,距今已有100多年的历史。画面左上方有一首清代大臣吴

▲ 慈禧题写的云锦殿匾额"祥映昌基"

▲ 慈禧题写的大戏楼匾额"欢胪荣曝"

树梅以楷书所题七言诗:"一曲山香白雪高,玉清新赐绛绡袍。金堂玉宝如仙篆,定拜金盘五色桃。"左侧钤一方"吴树梅章"白文印、一方"朝朝染翰"朱文印。此《福禄寿三字图》是慈禧太后用朱笔象形手法以行书"福""禄""寿"三字组成的一幅绘画图像,"福""禄"两字借用同一个偏旁"示","录""畐"之间夹写一个"寿"字,中间空白稍加数笔,画成一位拄杖老寿星,颇为巧妙。这种以字体组合成图像的手法在清代宫廷书画作品中极为少见,多流行于民间。留存至今的慈禧太后书画作品中像这样书画合一的作品较少。

慈禧书法"富贵平安"

由此看来,经常以专横跋扈、阴狠刻毒面目示人的慈禧也有企盼天下百姓富足、平安的一面。

富贵平安

德和园

德和园原为乾隆年间怡春堂旧址，光绪年间改建，是一座四进院落，主要由颐乐殿和大戏楼组成，是慈禧太后看戏的场所。德和园大戏楼是中国目前保存最完整、规模最大的戏楼，它和故宫的畅音阁、承德避暑山庄的清音阁并称为"清代三大戏楼"。1894 年建成的大戏楼，舞台宽 17 米、高 21 米，共三层，后台化妆楼有两层。顶板上有七

▲ 德和园大戏楼

个"天井"，地板中有"地井"。舞台底部有水井和五个方池。演神鬼戏时，演员可从"天"而降，亦可从"地"而出，还可以引水上台。三层戏台称"福禄寿三台"，第一层的小台用作乐队演奏的乐池，其他二台则用于演出。

戏楼机关

德和园大戏楼翘角重檐，朱栏绿柱，结构新颖，构思巧妙，戏楼首层有七个"天井"，地面有六个"地井"，天井、地井都通向后台，演员可以在里面自由出入，从而表演出神仙从天而降、鬼怪由地而出的神奇画面，还可从大水井引水上台喷出水柱。

尽管德和园只是为了满足慈禧太后个人喜好的享乐之地，但它的修建无疑大大推动了京剧的发展，因而被誉为"京剧的摇篮"，许多京剧大师如谭鑫培、杨小楼等都曾在此登台演出。

看戏廊

看戏廊与大戏楼和颐乐殿相连接，共 20 间，东西相对，是慈禧太后赏赐王公大臣看戏的地方。每有演出，王公、贝勒、贝子、满汉一品大臣等便以身份和官阶依次就座。晚清张之洞等重臣也曾在此受赏观戏。一般二三人或四五人一间。看戏廊现按原状复原，并辅以京剧文化展览。

德和园看戏廊 ▶

大戏楼建成传说

众所周知，清朝同治、光绪年间，慈禧太后"垂帘听政"，是清廷的实际掌权者。慈禧不仅善于玩弄权术，在生活中还特别喜欢看戏。但是，在颐和园听鹂馆里看戏时间长了，她的"胃口"变得越来越大，想要建造一座建筑精美、气势宏伟的大戏楼。于是，她下懿旨说：在仁寿殿后面建一座大戏楼，演戏时在戏台上要能表现出人间、天堂、地狱三界，也就是说，不仅世人能自由出入，神仙也要能从天而降，鬼怪也要能从地而出……

当懿旨传到了样式房后，工匠们极为犯难，这样的戏台听都没听说过，甭说是造出来了！结果样式房画了上万张图纸，没有一张被慈禧看中，醇亲王奕譞因此还被慈禧臭骂一顿，并被限令三个月之内拿出烫样，否则后果自负。

无奈之下，样式房只好张榜求贤。然而两个多月过去了，却无人前来。眼看期限就到了，工匠们就像热锅上的蚂蚁一样急得团团转。

一天晚上，工匠们正愁眉不展地坐在东宫门外时，一个卖烧饼的老头走了过来。几个工匠于是买了烧饼拿着吃起来。可是，这烧饼与众不同：总共三层，四边上翘，中有窟窿。工匠们既纳闷又生气，只听老头解释说，这样的烧饼可不好做，上边的芝麻能从窟窿里掉下来，底下的胡嘎巴也能从下边上来。而当工匠们尝出味道好咸时，老头边走边回头说：放了三层盐，哪能不咸！三层，留洞，放盐（檐）……这不正是大戏楼的设计方案吗？工匠们恍然大悟，茅塞顿开。那个卖烧饼的老头不是鲁班爷转世，就是"雷先祖"再生，肯定是来指点迷津的。然而，老头早已消失在街头了。

接着，样式房连夜绘制出了大戏楼的图纸。这次，慈禧看完烫样后颇为满意。大戏楼建成后，下层小台用作乐队演奏的乐池，中层和上层用于演出。此外，大戏台中分别有"天井""地井"以及大水井和方池，并设有相应机关，这样做是为了让神鬼戏更加逼真，不仅演员能从"天"而降或从"地"而出，还能引入喷泉。

大戏楼举行开园典礼那天，颐和园里热闹至极。为了赏赐修建大戏楼的几千名工匠，慈禧专门吩咐御膳房蒸了小窝头，其中一个老工匠拿到小窝头后激动得老泪纵横，心想大戏楼总算是建成了，这才保住了一条小命。然而滑稽的是，慈禧以为这个老工匠因为得了赏赐而感动，于是让李莲英又赏给他一个小窝头。

"德和园"匾额

"德和"二字出自《左传》"君子听之以平其心，心平德和"，意为君子听了美好的乐曲就会心地平和，而达到道德高尚的境界。

颐乐殿

颐乐殿坐北朝南，面阔七间，与大戏楼正面相对，是专为慈禧看戏而建的场所。殿名"颐乐"二字出自《后汉书·马融传》"夫乐而不荒，忧而不困，先王所以平和府藏，颐养精神，致之无疆"，意为欢乐而不荒淫，忧虑而不为之困扰，就可以心气平和、调养精神而万寿无疆。殿内设有金漆珐琅百鸟

▲ 颐乐殿内景

朝凤宝座，为慈禧看戏专座，但慈禧一般不坐宝座，更喜欢坐在西里间窗边的炕上。颐乐殿东西两侧建有 19 间看戏廊，是慈禧赏赐王公大臣看戏的地方。

▲ "颐乐殿"匾额

▲ 颐乐殿

喜好看戏的"老佛爷"

慈禧太后虽然是清末近50年里中华帝国的实际统治者，头上顶着"老佛爷"的神圣光环，骨子里其实也无非是一个普通人，有着和她的绝大多数臣民相同的娱乐爱好——看戏。作为京剧迷的慈禧太后精通音律，亲审剧本，其爱好程度更是超乎寻常。老一辈京剧艺术家王瑶卿先生说："西太后听戏很精，有时挑眼都挑得很服人。"慈禧对进宫的演员在艺术上要求非常高，有时甚至近乎苛刻，即要求演员必须依照"串贯"（宫内的戏目详细总讲，每出戏均有各自的"串贯"，上面用各色笔记载着剧目名称、演出时间、人物扮相、唱词念白、板眼锣鼓、武打套数以及眼神表情、动作指法、四声韵律、尖团字音等）一丝不差地表演。如唱三刻不准唱40分钟，唱上声的不能唱平声，该念团字的绝对不许念成尖字等。

显然，慈禧对演员表演上的这种要求，如要提起神、咬准词唱、不准穿薄底靴等，在很大程度上是依据她的戏曲审美观，从表演技巧等方面来要求舞台表演。从另一角度说，这是为了适应宫内轻歌曼舞的需要，对演员的身段动作、唱念、穿戴甚至场面、龙套等都提出了要求，从而使清宫内的京剧表演规矩更严，追求一种更严谨的规范化。皇权的威严与颇有造诣的艺术追求使京剧在"唱念做打"各方面磨练得异常圆熟和精致。

慈禧贵为太后，她的戏瘾有着浓烈的皇家气派，不必说颐和园中那翘角重檐、朱栏绿柱的德和园大戏楼，也不必说按惯例每个月起码演两次的应节大戏，光说说她看戏的古怪习惯就够了。

慈禧看戏的第一怪癖是"避讳"。其实，"避讳"是"国粹"，算不得慈禧的个人"特色"，只不过慈禧的避讳更"精致"、更"臻于化境"罢了。

慈禧是太后，要显示太后的威仪，规矩自然比一般人更加苛刻。她不但不允许别人提到自己的名字，甚至连自己的属相也不能提及。这自然愁坏了为她唱戏的伶人。

因为慈禧属羊，所以《变羊记》《苏武牧羊》《龙女牧羊》等剧目名称里带"羊"字的戏一律不能唱，每一句唱词中也不准出现"羊"字。慈禧不光避讳属相，还避讳性别，譬如，她绝不允许唱词中出现辱骂女人的话。

此外，在慈禧面前唱戏，尤其是在慈禧生日前后连演九天大戏的节骨眼上，唱词中"杀""死""亡"一类不吉利的字眼更是犯大忌讳。怎么办呢？只有靠伶人们的时刻警觉了。一旦祸从口出，只怕身家性命不保。有一次，正逢慈禧大寿，宫中上演大戏，慈禧点了一出《战太平》。主角谭鑫培在即将唱到"大将难免阵头亡"那一句的时候灵机一动，改成了"大将临阵也风光"，慈禧听了很高兴，当场打赏。至于谭鑫培临时改的唱词是否符合剧情，慈禧是压根儿不管的。

垂花门

垂花门是古代汉族民居四合院内部的门，是内宅与外宅（前院）的分界线和唯一通道。因其檐柱不落地，垂吊在屋檐下，称为垂柱，其下有一垂珠，故俗称垂花门。

清宫戏曲演出

　　清宫演戏的三层大戏台是乾隆年间专门为演出宫廷词臣编撰的连台本大戏而建造的。清宫连台本大戏是由乾隆皇帝钦命词臣依据元明杂剧和传奇改编的。清宫编撰的连台本大戏有《劝善金科》《升平宝筏》《忠义璇图》《昭代箫韶》（杨家将故事）等。清代宫廷通过连台本大戏的演出来宣扬儒家的纲常名教、伦理道德，以统一人们的思想，使广大臣民心甘情愿地做朝廷的"忠臣顺民"。而宫廷词臣也为皇帝歌功颂德、粉饰太平，以取悦于最高统治者。

▲ 大戏楼演出

慈禧欣赏的名角

　　慈禧太后最赏识的京剧艺人是杨月楼，杨月楼死后其子杨小楼入宫，扮相英伟，道白别致，韵味十足，举手投足中规中矩，铿然有度。慈禧因思念杨月楼而特别宠爱杨小楼，不叫他小楼，而叫他"小杨猴子"，因为杨小楼也像其父一样擅长演猴戏。中日甲午战争中国战败，签订《马关条约》。一天，杨小楼在宫中为慈禧和光绪演出《长坂坡》，看着台上赵子龙于千军万马中单骑救主的神威，想着国势日危、朝中无人的窘状，慈禧不禁忧从中来。她回过头看看皇帝，光绪也是一脸愁容。看着看着，慈禧掉泪了。

　　慈禧喜欢谭鑫培的技艺，也欣赏他的为人。这一年，光绪庆寿，

▲ 谭鑫培

在宫中演戏。慈禧故意点了《造白袍》（即《连营寨》），全堂行头包括桌围、椅被都是新做的，崭新"一堂白"。谭鑫培扮刘备出场，看到满台白色，心里直犯嘀咕："庆寿怎么点这出戏呢？下面接《白帝城》，该有多丧气。"谭鑫培心想尽管光绪皇帝不喜欢自己，但却很佩服光绪，赞成光绪推行新政。这天谭鑫培连演关张遇害、刘备伐东吴、陆逊火烧连营、蜀军大败、刘备白帝托孤这一串故事，演至火烧连营"翻吊毛"时，他故意以额角触地，鲜血直流，做出昏厥的样子，想用这种真演使正在看戏的慈禧震惊，产生联想，引发恻隐之心，宽宥作为皇帝的光绪。

　　机警的慈禧早从谭鑫培的眼神和动作中领略到他的一片苦心与用意，但佯装不解，始终不为所动。慈禧只是夸谭鑫培演得好，散戏后赏银200两，供他养伤，其他则只字不提。但慈禧在心里却十分欣赏谭鑫培的这种"优谏"的古风和智慧，为其一片忠心所感动，所以对谭鑫培愈加宠爱，更加频繁地召他进宫演戏。

慈禧油画像

德和园内有一幅美国女画家凯瑟琳·卡尔（清宫称其"柯姑娘"）于光绪二十九年（1903年）为慈禧画的油画像，这是为慈禧第一次画像，共有四幅。其中一幅于1904年在美国圣路易斯博览会上展出，让世人第一次目睹了中国最高统治者的仪容。展后清政府将此画赠予美国，其余三幅至今下落不明。

光绪二十九年，美国驻华公使康格的夫人向慈禧推荐美国女画家凯瑟琳·卡尔进宫为其画像。在绘画之前，对油画不了解的慈禧急不可耐地提出了不少问题：为什么要坐着画？别人能否代坐？是否每天要穿一样的衣服、戴一样的首饰等。在绘画的当天，慈禧精心梳妆打扮，换上绣有紫色牡丹的朝服，披寿字嵌珠花披巾，头戴玉蝴蝶和鲜花，手腕戴玉钏，双手指甲戴着长长的护套，竭力炫耀自己以显赫天下。

▲ 慈禧油画像

凯瑟琳·卡尔为慈禧画的第一幅油画像是准备送往美国圣路易斯博览会展览的，因此慈禧十分重视，亲自择定完工日期，在绘制期间慈禧经常到凯瑟琳的画室观看，兴奋异常。

1904年4月4日，即慈禧钦定画像完工之日，特邀请外国驻京使节和参赞夫人进西苑三海观看画像。这些洋人为讨慈禧的欢心，无不称赞画工精美，凯瑟琳也因此备受恩宠。以后，清廷派皇族代表溥伦护送此画赴美展览。展后，该画赠予美国政府，今藏华盛顿国家博物馆内。

凯瑟琳为慈禧画像的八九个月中，慈禧总是好奇地问这问那，差不多总是自己着盛装坐在宝座上，让画家去描绘。然而毕竟时间拖得太久了，往往不耐久坐，慈禧命德龄穿上她的衣服并戴上她的首饰代替她坐在那里。当然，这都是在画其他部位时才代替的，而每逢画脸部表情时慈禧总是亲自坐在那里。慈禧对凯瑟琳的绘画极为满意。

慈禧十分欣赏这位女画家，光绪三十年（1904年）慈禧特派外务部大臣到美国驻华公使馆转达对凯瑟琳所绘画像"均称圣意"的懿旨，并送去了各种绸缎、一座宝星等礼物作为嘉奖，并面交银票1.2万两作为酬谢。

▲ 美国女画家凯瑟琳·卡尔

裕勋龄

裕勋龄是清宫的首位御用摄影师，现存的慈禧照片全部由他拍摄。

庆善堂

庆善堂是位于颐乐殿北的一个院落，面阔五间，坐北朝南，歇山顶，左右各有一座配殿。这里是慈禧太后看戏时临时休息的地方。庆善堂堂前有东西配殿各五间，硬山顶。堂的东西两侧带跨院，院内各有硬山顶建筑两间，其后为建筑群的第四进院落，即德和园后院，此院落的东西各有三间硬山顶配殿。

▲ 庆善堂匾额"焕焯珍符"

▲ 庆善堂前太湖石

膳房

膳房始建于光绪年间，专为帝、后烹饪食物。在颐和园内共有两座膳房。慈禧太后的专用厨房名"寿膳房"，位于德和园西，由八个院落组成，又称"东八所"，其中寿膳房三所、寿茶房三所、寿药房一所、寿豆腐房一所。今日此处已改为北京安缦颐和酒店。

光绪帝的专用厨房名"御膳房"，位于仁寿殿南配殿的南面，1942 年拆除。

▲ 北京安缦颐和酒店

▲ 清宫餐具：寿碗、寿盘、金筷、丝筷等

万寿山前山景区

万寿山前山景区是颐和园建筑最集中的地方，以佛香阁为中心，万寿山前山景区以智慧海、佛香阁、排云殿为中轴线，其东西分布着一座座富丽堂皇的建筑，如举世无双的铜殿宝云阁，帝、后念经的转轮藏，还有排云门前闻名于世的长廊，无一不是园中的精品。

长廊

长廊东起乐寿堂西的邀月门，西至石丈亭，共有 273 间，廊宽 2.28 米，柱高 2.52 米，柱间间隔 2.49 米，全长 728 米，是我国古典园林中最长的游廊，1990 年被收入吉尼斯世界纪录，誉为"世界最长的画廊"。长廊中绘有 14000 多幅风景、花鸟、山水、人物等彩画。其中的人物画多来自我国古典名著中的故事，如"张翼德夜战马超""赵云大战长坂坡"等。长廊依昆明湖的走势而建，形如一只展翅欲飞的蝙蝠，和形似寿桃的昆明湖一起构成了我国古代"蝙蝠捧寿"的拜寿图。

▲ 颐和园长廊一角

▶ 幽静狭窄的长廊

长廊的来历

颐和园长廊是世界最长的画廊，长廊上的一幅幅色彩斑斓的彩画更是令人赏心悦目，流连忘返。据说，颐和园建成后，慈禧每年都要来这里静养，而且一住就是大半年。一开始，慈禧觉得颐和园的山水景色秀美，可时间一长，她就没有什么新鲜感了，后来竟厌烦起来。某天，慈禧照例出去散步，一些王公大臣和太监、宫女们也伴随左右。当慈禧来到万寿山下时，突然下起了雨。大太监李莲英见状连忙为慈禧撑起了雨伞，并顺势看了一下慈禧的脸色。让李莲英感到吃惊的是，老天爷正在下雨，而"老佛爷"却"阴转晴"了。紧接着，只听慈禧说："雨伞真好，不仅可以遮风挡雨，还让我看到了另外一番景致。"慈禧回宫后，立即召见了一位工匠，对他说要在万寿山南坡与昆明湖之间修建一条长廊。就这样，一条优美的长廊出现在皇家园林颐和园里了。

长廊彩画

姜太公钓鱼

相传商朝末期，隐士姜子牙深信自己能干出一番事业。于是，他每日垂钓于渭水之上，等待圣明的君主来赏识他。一日，一个樵夫见姜子牙垂钓的情景不禁大笑。原来姜子牙钓鱼，既无鱼饵，鱼钩还是直的，而且钩离水面三尺多高。姜子牙说："我名为垂钓，意不在鱼而在圣君。愿者上钩。"俗语"姜太公钓鱼，愿者上钩"便源于此。后来，周文王伐纣迫切需要人才，得知年已古稀的姜子牙很有才干，便寻至渭水之上，找到姜子牙，拜他为相。在姜子牙的辅佐下，周文王之子周武王果然灭了商纣，建立了周朝。

一饭千金

据说，西汉大将韩信年轻时家中贫寒，他虽然用功读书、拼命习武，然而挣钱的本事却一无所长。迫不得已，他只好到别人家吃"白食"，为此常遭别人冷眼。韩信不愿受这样的气，就来到淮水边垂钓，用鱼换饭吃，经常饥一顿饱一顿。淮水边上有个老奶奶为人家漂洗纱絮，人称"漂母"。她见韩信挨饿挺可怜，就把自己带的饭分一半给他吃。天天如此，从未间断。韩信发誓要报答漂母之恩。后来，韩信在楚汉之争中辅佐刘邦夺得天下，被封为"淮阴侯"。他对漂母分食之恩始终没忘，派人四处寻找，并以千金相赠。

韩信

韩信早年家贫，常从人寄食。后辅佐刘邦，成为西汉开国功臣。中国历史上杰出的军事家，与萧何、张良并列为"汉初三杰"。

鹊桥相会

传说织女是王母娘娘的外孙女，是个聪明、美丽的仙女。人间有一放牛郎，辛勤耕作，早出晚归。有一天老黄牛对他说："织女要到银河洗澡，如能乘机拿到织女的衣裳，就可娶之为妻。"牛郎照着老黄牛的话去做，终于与织女结成夫妻，并生有一男一女。王母娘娘十分恼怒，派人将织女押回天庭，只允许他们夫妻每年七月初七相见一次。七月初七晚上，喜鹊在银河上为他们搭起鹊桥，让他们夫妻见面，母子、母女相聚。从此，在晴朗夜空可以望见银河两边有两颗大星星，它们就是"牛郎"和"织女"。

苏武牧羊

汉武帝时，中郎将苏武奉旨出使匈奴。匈奴单于了解苏武的才能，许以高官厚禄要苏武投降，苏武不为所动。单于杀副使以死相威胁，苏武宁死不屈。单于折磨他，将他发配至贝加尔湖牧羊十九载，苏武手持汉朝符节，不忘汉朝使命。后来，苏武的朋友、汉朝大将军李陵与匈奴作战时被俘投降后来此告诉苏武，他的父亲已死，兄弟被杀，夫人改嫁，武帝年迈，朝政混乱，不如投降的好。苏武表示宁愿为汉室社稷而死，决不背叛列祖列宗。李陵无言以对。后人把苏武牧羊的经历填词谱曲，一直演唱到今天。

羲之爱鹅

王羲之是东晋时期的大书法家。他的字飘若浮云、矫若惊龙，为古今之冠。羲之尤爱养鹅。会稽有一老妇，养有一鹅，此鹅叫声清亮。羲之为官至此，托人带重金去买，老妇不卖。他又乘车前往观赏，老妇以为他爱吃鹅肉，连忙杀鹅以款待。羲之长叹数日，深为惋惜。一次，羲之探知山阴有一道士，养有好鹅，亲往观看，并求道士卖给他几只。道士的条件是羲之如肯为寺观书写一篇《道德经》，群鹅可以相赠。羲之满口应允。书罢，羲之将鹅装入笼内，满载而归。"羲之爱鹅"从此传为佳话。

八仙过海

本幅画描写的是"八仙过海，各显神通"的故事。八仙过海是一个流传很广的汉族民间传说，最早见于杂剧《争玉板八仙过海》。八仙是指民间广为流传的道教八位神仙。八仙之名，明代以前众说不一，有汉代八仙、唐代八仙、宋元八仙，所列神仙各不相同。至明吴元泰的《八仙出处东游记》（即《东游记》）始定为铁拐李（李玄／李洪水）、汉钟离（钟离权）、张果老、蓝采和、何仙姑（何晓云）、吕洞宾（吕岩）、韩湘子、曹国舅（曹景休）。"八仙过海"现在已经成为人们经常使用的典故。

桃园结义

此画是根据小说《三国演义》里的故事绘制的。相传东汉末年天下大乱，汉景帝的玄孙刘备素有大志，韬光养晦，结交天下豪杰。一日他与涿县屠户张飞、落难江湖的关羽相遇。三人各抒胸中志愿，谈得十分投机。第二天，他们在桃园中摆上酒席，祭告天地，结拜成为兄弟，决定同心协力，救国救民。此后三人果然干出了一番惊天动地的大事业。这个故事历史上叫作"桃园三结义"。

辕门射戟

此画描绘的是《三国演义》中第十六回的故事。南阳太守袁术见刘备军屯小沛，容易攻取，要先伐刘备。但吕布虎踞徐州，便先送20万斛粟米，让吕布按兵不动。袁术遣纪灵为大将，统兵十万，进攻小沛。吕布懂得唇亡齿寒的道理，引兵来沛县一里扎下营寨。纪灵责吕布无信。吕布请刘备、纪灵来寨说："我有一计，使袁、刘两家都不怨我，尽在天命。"吕布令左右接过画戟，至辕门外百步之处插定，回顾纪灵、刘备说："吾若一箭射中戟小枝，你两家罢兵，如射不中，你们安排厮杀。"吕布箭射画戟才引出后人诗："雕羽翎飞箭到时，雄兵十万脱征衣。"

三顾茅庐

此画描绘的是汉末刘备三次诚邀诸葛亮出山辅佐的故事。刘备听了徐庶介绍诸葛亮的雄才大略后，决心请他出山，共图大业。一日，刘备与关羽、张飞来到隆中卧龙岗，叩孔明茅屋柴门，恰巧孔明外出未归。过了几天，刘备探知孔明已回，就带着关、张再上卧龙岗。在草堂见到孔明之弟，才知孔明昨日出游，不知去向。光阴荏苒，又到第二年春天，刘备三人再访隆中，庄上小童对刘备说："先生在睡觉还没有醒来。"关、张在门外等候，刘备慢慢走进去，拱立阶下，见孔明翻身将起，忽又朝里睡着。刘备又立了一个时辰，孔明才醒。半晌孔明方整衣冠出迎。刘备不辞辛劳，三次访贤，终于请得诸葛亮出山辅佐。

博望坡孔明初用兵

刘备诚心诚意三顾茅庐，请得诸葛亮出山相助，拜其为军师。不久，曹操派夏侯惇带兵30万来攻打刘备驻地新野。孔明第一次指挥战斗，恐众将不服，向刘备求得尚方宝剑。他命关羽在左、张飞在右去博望坡埋伏，赵云引兵诱敌，刘备为后援，准备用火攻曹军。众将不知孔明韬略，个个疑惑不定，张飞更是不服气。孔明将剑抬出，说道："宝剑在此，违命者斩。"众将才领命而去。博望坡一仗大获全胜。关羽、张飞等众将见诸葛亮用兵如神，从此对他心悦诚服。

诸葛亮

诸葛亮，字孔明，号卧龙（也作伏龙），汉族，徐州琅琊阳都（今山东临沂市沂南县）人，辅佐刘备称帝，是中国传统文化中忠臣与智者的代表人物。

刮骨疗毒

东汉末年，关羽攻打樊城时被曹兵的毒箭射中右臂。华佗察看了关羽伤势，知箭毒已经深入臂骨，建议立柱设环，将关羽捆住以便开刀。关羽听了大笑说："何用柱环？"随即设席款待华佗。关羽饮酒数杯，一边和马良下棋，一边伸出伤臂让华佗割治。华佗下刀割开皮肉，直到骨头，只见骨头已经青了，他用刀刮着骨头，沙沙作响。帐里的人都惊呆了，关羽却依然谈笑下棋，毫无痛苦之色。华佗刮尽箭毒，敷上药，缝了伤口。关羽大笑而起，说："此臂伸展自如，先生真神医也。"华佗道："我一生行医，从未见过此种事，将军才真是天神呢。"

江东赴会

孙权与刘备联合抗曹，吴国都督周瑜却嫉贤妒能。一日，孙权借口商量军机要事，瞒着孔明，请刘备到江东会面，欲加害于他。刘备欲只身前往，关羽等劝阻不听，便跟随前去。周瑜设宴相待，酒行数巡，周瑜起身敬酒，猛见刘备身后一员大将。经介绍，方知此人乃当年杀了名将颜良、文丑的关云长，不由一惊。周瑜转而向关羽敬酒，恭维一番。不久，刘备等告辞。到了江边，正在船中等候的军师孔明说："今日若非云长在场，主公几乎被周瑜伤害。"刘备这时才省悟过来。

马跃檀溪

相传，东汉末年，刘备到荆州投奔刘表后，刘表的妻子蔡夫人及其兄蔡瑁总是疑心刘备想吞并荆州。一日，刘备缴获一匹千里马"的卢"，因见刘表喜爱而相送。岂知刘表军中有人善相马，称此马妨主，刘表将马送还给刘备。

由于刘表病重，便委托刘备组织在襄阳宴请荆州百官，蔡夫人趁机与其兄蔡瑁商量加害刘备。后有人将消息告诉刘备。刘备得知后急忙纵马奔逃，来到檀溪边。后有蔡瑁的追兵，前无去路，刘备纵马下溪。不料马失前蹄，刘备急呼："的卢，的卢！今日妨吾！"那马忽地从水中一跃三丈，飞上西岸。

陶渊明爱菊

这幅画描写的是陶渊明隐居田园的生活情景。他挥毫留下了著名诗句"采菊东篱下，悠然见南山"。"陶渊明爱菊"的传说就是后人从这句诗中引申而来的。自此之后，菊花也成了隐逸的象征。在隐居生活中，陶渊明与农民同劳动、共交往，"把酒话桑麻"。他同情农民的疾苦，幻想追求平等幸福的生活，从而创作了著名的《桃花源记》，寄托了一种乌托邦式的理想。

陶渊明

陶渊明，浔阳柴桑人，东晋末至南朝宋初期伟大的诗人、辞赋家。因厌倦官场而归隐田园，写下了大量田园诗，被称为"古今隐逸诗人之宗"。

画龙点睛

南北朝著名的大画家张僧繇擅长画人物、动物，经常为佛寺画宗教壁画。他画的飞龙尤其惟妙惟肖。有一年，他在金陵安乐寺的墙壁上画了四条龙，栩栩如生，令人赞叹不已。可是，他却不肯画上龙眼睛。有人问他是什么原因，僧繇回答："要是画上眼睛，它们就会破壁飞去。"人们不信，说他吹牛。僧繇无奈，举起画笔，在龙头上轻轻一点，天空顿时电闪雷鸣，风雨大作，那条点上眼睛的龙真的破壁而出，乘风飞去。一会儿云散天开，壁上只剩三条没画眼睛的龙了。

山中宰相

陶弘景是南朝梁时的思想家、医学家和文学家。他的《答谢中书书》描绘的山川景色秀美，风格清新简淡，为历代写景名作。齐高帝曾经召他进宫陪伴太子读书。后来，陶弘景远离尘世，隐居句曲山（今茅山）。他精通阴阳五行、山川地理、天文气象。梁武帝继位后，多次请他出仕，都被他拒绝。因此，每逢有凶吉、祭祀、征讨大事，朝廷都要派人进山向他请教，故后世称他为"山中宰相"。陶弘景一生好松。每当轻风吹拂松枝，发出"沙沙"的声响时，他就像听到仙乐一样如痴如醉。有时，他竟一人进山去听山野松涛之声，故世人又称其"仙人"。

风尘三侠

相传隋朝末年，隋炀帝骄奢淫逸，大臣杨素助纣为虐。李靖素怀大志，却无人赏识。杨素府中的歌女红拂来投奔李靖，李见她美貌多情，就娶她为妻，并一同逃往太原。一日，他们遇到一位长着满脸卷曲红胡子的人（人称"虬髯客"），相谈甚欢，很快成了知己。虬髯客拿出全部珠宝钱财，要李靖夫妇辅助李世民推翻隋炀帝。李靖后来当了唐朝的宰相，并得知虬髯客也成就了大业。后人称他们为"风尘三侠"。

文人三才

"文人三才"是民间对宋代大文豪苏轼（东坡）、秦观（少游）、佛印（谢端卿）的美称。他们三人博经通史、文辞盖世，邂逅便成为莫逆之交。相传，宋神宗设坛祈雨，命苏东坡作祭文。谢端卿原想赴京应试，听此消息，就想看看皇帝"龙颜"。东坡让他披上袈裟，到皇帝面前奉茶伺候。皇帝见他眉清目秀，对答如流，心中高兴，就赐他法名了原，号佛印，在御前披剃为僧。端卿出家后研究佛理，潜心修行。东坡屡次劝他还俗做官，佛印心坚如铁，全不动情。这幅画就是三人在花园吃酒的情景。

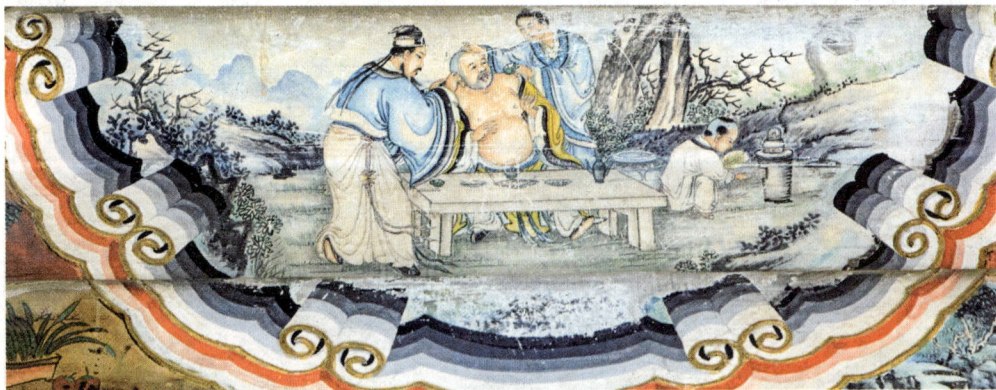

李靖

李靖，字药师，雍州三原（今陕西三原县东北）人。隋末唐初将领，善于用兵，长于谋略，是唐朝文武兼备的著名军事家，为唐王朝立下大功。

周敦颐爱莲

周敦颐是北宋时期中国道学的创始人。他为官不畏权贵，深得民心，后因病辞官，在庐山莲花峰下隐居。在他的住所四周莲塘相连，山清水秀。在这里，他写下了流传千古的名篇《爱莲说》。他赞美莲花"出淤泥而不染，濯清涟而不妖"，表达了自己洁身自好的高尚品德；赞叹莲花"中通外直，不蔓不枝，香远益清，亭亭净植"，表明了自己不甘同流合污、耿直正派的人格。

天仙配

传说王母娘娘有七个美丽的女儿。小女七仙女不甘天宫的寂寞，私自下凡来到人间，巧遇卖身葬父的孝子董永。两人一见钟情，在老槐树下结为夫妇。婚后，七仙女为了使董永卖身地主的工期从三年减至百天，特邀众姐妹相助织锦。最终夫妇二人得以回家。但好景不长，天帝查出七仙女与凡人成亲，大发雷霆，特派天神威逼七仙女速速返回天廷。已有身孕的七仙女肝胆欲碎，哭着与董永相约："来年槐荫树下把子交。"说罢，飘然而去。董永悲痛欲绝，昏厥在地。

天女散花

一天，如来佛在西天莲花宝座讲经解法，忽见瑞云东来，遥知得意弟子维摩诘患病。于是，如来佛派众弟子前去问候，断定维摩诘必要借机宣经释典，便派天女前去检验弟子们的学习情况。天女手提花篮，飘逸而行，来到尘世人寰低头下望，见维摩诘果然正对众人讲学。天女随即将满篮鲜花散去，弟子舍利弗满身沾花。众人诧异万分，天女说："结习未尽，故花着身；结习尽者，花不着身。"舍利弗自知道行不行，便愈发努力学习。

蓝桥捣药

这是我国古代的一个神话故事。唐朝时，秀才裴航赴考落第，失意回家。同船有一樊夫人，美貌过人，他不禁写诗向她表示倾慕。樊夫人回诗一首，裴航不解其意。一天，裴航路过蓝桥，见一姑娘姿容绝世，便向她母亲来求亲。老婆婆说，要想娶我女儿云英，须用玉杵臼为我捣药100天。裴航于是日夜捣药不止。裴航的精神感动了天上的玉兔，玉兔下凡来帮他捣药，最后老婆婆终于答应把女儿许配给他。迎亲那天，樊夫人也来了，原来她是云英的姐姐，两姊妹都是仙女。

维摩诘

维摩诘是早期佛教著名居士、在家菩萨，相传是毗舍离城中的一名富商，长于雄辩，慈悲为怀。在梵文里"维"是"没有"、"摩"是"脏"、"诘"是"匀称"之意。

穆桂英飞索套宗保

北宋时，辽国进犯，布下"天门阵"。要破"天门阵"非用穆柯寨的镇山之宝——降龙木不可。杨延昭的大将孟良单枪匹马来到穆柯寨强取，被穆桂英打得大败。此时，延昭之子杨宗保押粮路过，前来助战。杨宗保、穆桂英两人各施武艺，不分胜负。穆桂英见宗保年轻英俊，弓马娴熟，顿起爱慕之心。战到五十回合，穆桂英假装败北，宗保紧追不舍。穆桂英趁其不备，抛出红罗套，套住杨宗保。

秦香莲

相传宋朝时有个勤劳的妇女秦香莲，为供丈夫陈世美读书应试，每日辛苦劳作。陈世美中了状元后，忘恩负义，抛下了一家妻儿老小，做了驸马。秦香莲含辛茹苦地侍奉公婆和养育一对儿女。公婆病逝后，秦香莲到京寻夫。秦香莲扮成艺人去陈府唱堂会，借唱词诉说了夫妻恩爱之情和一家人的悲惨遭遇。这非但未打动陈世美，反被其赶出，并欲加害。这幅画就是秦香莲唱堂会的情景。

鲁智深倒拔垂杨柳

这是《水浒传》中的故事。鲁智深打死恶霸镇关西后，怕吃官司，逃往他地。他先来到五台山文殊院出家，因不守佛规，喝酒闹事，方丈把他介绍到大相国寺看菜园子。菜园子附近住着二三十个泼皮，他们常来菜园子偷菜，已换了几个看园子的人，都管不了他们。这次他们听说又换了个新人，便来闹事，没想到两个领头的被鲁智深踢到粪坑里，吓得他们跪地求饶。第二天，泼皮们买了些酒菜向鲁智深赔礼。大家正吃得高兴，听到门外大树上的乌鸦叫个不停，泼皮们说这叫声不吉利，吵得人心烦，便欲搬梯子拆掉鸟巢。鲁智深上前把那棵树上下打量了一下说："不用了，待我把树拔掉。"说完，只见他脱掉外衣，用左手向下搂住树干，右手把住树的上半截，腰往上一挺，那棵树竟然被连根拔起。众泼皮惊得目瞪口呆，忙跪在地上拜鲁智深为师。

岳母刺字

岳飞的英雄事迹在民间广为流传。相传在岳飞十五六岁时，北方金人入侵，宋朝当权者腐败无能，节节败退，国家处在生死存亡的关头。一天，岳母把岳飞叫到跟前说："现在国难当头，你有什么打算？"岳飞说："到前线杀敌，精忠报国！"岳母听了儿子的回答后十分满意。"精忠报国"是母亲对儿子的希望，她决定把这四个字刺在儿子背上，让他永远记着这一誓言。岳母用针在儿子背上刺下这四字之后，岳飞就以"精忠报国"为座右铭，奔赴前线，英勇杀敌，成为一代抗金名将。

岳飞

岳飞，字鹏举，宋相州汤阴县（今河南安阳汤阴县）人，南宋抗金名将，著名军事家、战略家，因受秦桧等陷害，冤死风波亭，时年39岁。

枪挑小梁王

此故事出自《说岳全传》。北宋末年，还是青年时期的岳飞与几个结义兄弟一起到京城应考武状元。一同应考的还有小梁王柴桂，他仗着自己是一镇藩王，有钱有势，贿赂主考官张邦昌等人，唯独老将宗泽拒其贿赂。武考当天，小梁王文武均非岳飞对手，待下场对打时，岳飞顾虑其身份而只有招架的份。后来岳飞要求立下"生死文书"，言明场上生死与对方无关。既立文书，岳飞抖擞精神上场，一条沥泉枪上下翻飞，打得小梁王只有狼狈招架的份，忽然岳飞虚晃一枪，反手直刺，把小梁王挑落马下，结果了其性命。张邦昌气急败坏，要斩岳飞偿命，但有宗泽力保，又有牛皋等众武举大闹校场，岳飞才得脱险。

路阻通天河

唐僧师徒来到通天河边，无法渡过，又听说河妖索要童男童女。悟空、八戒为捉拿河妖，变成童男童女模样来到灵感庙。半夜河妖进庙，没能得手，次日天降大雪，通天河封冻了。师徒四人急忙起程西行。走至河中央时一声巨响，冰面裂开一个大口，唐僧落水被河妖捉走了。原来，此妖是南海莲花池中的金鱼。悟空请观音收走金鱼，而原住通天河中的一只老乌龟赶来报恩，把师徒四人驮过了河。

踏雪寻梅

《红楼梦》中薛宝钗的堂妹薛宝琴到贾府游玩，同来的还有邢岫烟、李纹和李绮。宝琴人品出众，才貌超群，贾母特别喜爱她，送她一件凫裘（用野鸡毛织成的斗篷）。时值隆冬，大家聚在一起赏雪作诗。宝玉从栊翠庵折了一枝红梅回来，邢岫烟、李纹、宝琴分别以"红""梅""花"为韵，即兴赋诗。众人仔细品赏一番，都说宝琴作得最佳。一会儿，宝琴披着凫裘又去折了一瓶红梅，白雪之中她竟像画里仙女一般。贾母有心把她许配给宝玉，后知她已许人就要婚配，只好作罢。

林黛玉焚稿断痴情

这是《红楼梦》中第九十七回的故事。黛玉知道宝玉和宝钗的婚事后悲从心中来，泪流干，心耗尽，缘灭心寒，一病不起，且日重一日。黛玉自料时日无多，便让丫鬟雪雁开箱，拿出宝玉送给她的旧手帕，使劲撕扯，又让雪雁将火盆挪到身边，瞅着那火点点头，将手帕往火上一撂，回手又把诗稿拿起来撂在火上，把眼一闭，往后一仰，不省人事。雪雁也顾不上烫手，直接把手伸到火中抢手帕和诗稿，可惜剩下的只是残片了。不久，就在宝玉和宝钗成亲的时刻黛玉连呼数声："宝玉，宝玉，你好……"便浑身冷汗直流，两眼一翻，香魂一缕风吹散，气绝身亡。

湘云醉卧

此画的故事出自《红楼梦》第六十二回。贾宝玉、薛宝琴、邢岫烟、平儿四人同一天过生日。众小姐带上自己的丫头们借机饮酒行令。轮到香云说酒令时，她想拿丫头们取笑，便夹了一个鸭头举起来说："这鸭头不是那丫头，头上没有桂花油。"惹得晴雯等一帮丫头罚她喝酒。过了一会儿，大家突然发现湘云不见了，后发现其吃醉了，在山石后面的石凳上睡着了。四面的芍药花飞落了一身，她满身满头都是花瓣，一幅纯真、美丽、憨态可掬的少女画面！

傻大姐泄密

《红楼梦》中宝玉、黛玉互相钟情，但是贾母、王夫人、王熙凤非要把薛宝钗许配给宝玉。但又怕宝玉、黛玉知道了闹出乱子，就由王熙凤定下"调包计"，对宝玉谎说是娶黛玉。一天，黛玉出来散心，见一丫头在哭，黛玉问她为何伤心。丫头回答："他们让我们给宝二爷、宝姑娘准备婚事，却不让吵嚷。我只说了一句'以后对宝钗叫宝姑娘，还是叫宝二奶奶'，他们就打我嘴巴，还要把我赶走。"黛玉听罢如挨疾雷，刚一进屋就"哇"地吐了一口鲜血，晕倒在床上。数日后，就在宝玉、宝钗结婚的时候，林黛玉满怀悲愤地离开了人间。

齐天大圣斗哪吒

孙悟空从须菩提祖师那里学到出神入化的神通和七十二变的本领，夺取了东海龙王的"如意金箍棒"，又大闹阎罗殿，私改生死簿，使玉帝大为震惊。玉帝便依太白金星之言，降了一道招安圣旨，封孙悟空为"弼马温"，将他请到天宫，希望以此来约束美猴王。

后来孙悟空听说弼马温是一个根本不入流的官位，一气之下撞出南天门，回花果山自封"齐天大圣"，玉帝命托塔李天王李靖、哪吒三太子前去捉拿妖猴。孙悟空先把巨灵神打败，又战胜了哪吒，并叫哪吒回去给玉帝传话，让他做了"齐天大圣"便罢，否则定要打上凌霄宝殿。

宝黛阅《西厢》

茗烟帮宝玉偷偷收集了很多的"禁书"。一日，宝玉独自到花园读《西厢记》，被黛玉无意间发现。宝玉就邀黛玉共品《西厢记》，并告诉她："你要看了，肯定连饭也不想吃。"黛玉接过书就看，越看越舍不得放手。宝玉说："我就是那个'多愁多病身'，你就是那'倾国倾城貌'，借此表露心事。"黛玉又羞又怒，哭泣不已。宝玉只好去哄黛玉一笑。两人从此心照不宣，结为知己。

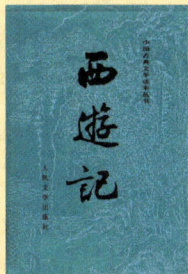

春夏秋冬四亭

在长廊地势高低和转向的连接点上建有分别代表着春、夏、秋、冬的"留佳""寄澜""秋水""清遥"四座八角重檐的亭子，设计巧妙而自然。其中，留佳亭、寄澜亭在长廊东段，秋水亭、清遥亭在长廊西段。此四亭均坐北朝南，为八角重檐攒尖式建筑，上有藻井天花，绘有苏式彩画。

留佳亭是长廊中的第一座观景亭。该亭名称来自乾隆皇帝题写的"是亭曰留佳，盖因纳赏起"。乾隆皇帝希望自己看到的景物能够永世长存。1860年，英法联军焚烧颐和园，长廊的绝大部分建筑都被烧成焦土，只留存下留佳亭等十余间游廊。

寄澜亭是长廊中的第二座观景亭。"寄澜"的意思就是寄情感于波澜之间。此亭被英法联军烧毁，后由慈禧太后下令重建并题写匾额。亭内还悬有"烟霞天成""夕云凝紫"两块饰有慈禧太后御笔之宝的匾额。亭北另有"华阁缘云"匾。

秋水亭是长廊中的第三座观景亭，亭名来自王勃《滕王阁序》中

① 留佳亭 ② 寄澜亭 ③ 秋水亭 ④ 清遥亭

的名句"落霞与孤鹜齐飞，秋水共长天一色"。亭北悬"三秀分荣"匾，东悬"禀经制式"匾。

清遥亭是长廊中的第四座观景亭，其名称原为乾隆皇帝所赐。慈禧太后下令重修后，东题匾"云郁河清"，西题匾"俯镜清流"，北题匾"斧藻群言"。

▲ 对鸥舫

对鸥舫

　　对鸥舫在排云门东侧，位于长廊留佳亭和寄澜亭之间，是一座面阔三间的歇山顶式建筑，前有码头。其对面即是优美、宁静的昆明湖，是游览途中观景和休憩的好去处。

鱼藻轩

　　鱼藻轩在排云门西侧，位于秋水亭和清遥亭之间，临昆明湖而建，也是游览途中观景和休憩的好去处。其形制与对鸥舫相同，也为歇山顶式建筑。著名国学大师王国维就是从鱼藻轩一步步走向昆明湖深处，结束了自己的一生。

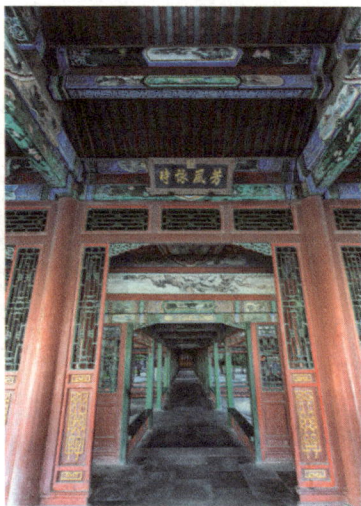

鱼藻轩内景 ▶

▲ 鱼藻轩

大阿哥溥儁

　　溥儁是端郡王爱新觉罗·载漪次子。戊戌变法失败后，慈禧太后想废黜光绪帝，立溥儁为大阿哥（皇储），结果遭到国内外各派势力的强烈反对而失败。

慈禧鱼藻轩钓鱼

慈禧每次去颐和园，很大程度上与她的两大爱好——看戏和钓鱼有关。在颐和园，一般有三个钓鱼的地点，分别是知春亭、石舫和谐趣园。在这三个地方，慈禧每次钓鱼时，竿竿都能钓上鱼。这是为什么呢？原来，李莲英在里面动了手脚，他让小太监事先藏到水里，每当慈禧投下鱼竿，太监就把备好的活鱼挂在鱼钩上。这样能不竿竿见鱼吗？

有一天，慈禧在听鹂馆训斥完光绪后，闷闷不乐地来到长廊边的鱼藻轩里。她突来兴致，想在此钓鱼。李莲英一听急坏了，因为没有提前

▲ 慈禧游园钓鱼

准备啊。但他也没办法，太后的命令怎敢不听。于是，他赶快派人找来了鱼竿和诱饵。

拿到鱼竿后，慈禧连着甩了三竿，可就是没有鱼上钩。她很纳闷，问李莲英："小李子啊，你说在知春亭、石舫和谐趣园里钓鱼，竿竿都能钓上鱼，怎么在鱼藻轩就不行呢？"李莲英忙说："老佛爷啊，今日不比往日，因为您老人家刚刚训完皇帝，他这会儿还生着气呢。话说这龙王一生气，水里的鱼儿还不都被吓跑了？况且，连龙（皇帝）也怕您啊！"慈禧一听，满心欢喜，于是说今天不钓鱼了，明日再来。

接着，李莲英打算故技重施，用老办法糊弄慈禧。然而，鱼藻轩的水太浅，里面是藏不住人的，只能再想他法。当晚，李莲英让小太监提前在鱼藻轩摆好了三根钓竿，并且在每个鱼钩上都事先挂好了活鲤鱼。

第二天，慈禧在李莲英等人的陪同下来到鱼藻轩钓鱼。坐下后，慈禧仔细看了看三根鱼竿，竟看到鱼漂在动。这时，她心里虽已明白了几分，但还是装作什么都不知道，还故意说："今天我不放诱饵，看鱼儿能否上钩。"李莲英巴结道："老佛爷让谁上钩，谁就能上钩。"慈禧顺着话茬说："那我就钓一只甲鱼上来补补身子。"李莲英一听，吓得忙说："老佛爷，还是钓鲤鱼好啊。俗话说，年年有余（鱼），大吉大利（鲤）嘛。"慈禧微微一笑，故意说："那就钓鲤鱼呗。"

然而，慈禧提了一竿，怎么也提不动，于是生气地摔下了竿。这可把李莲英吓坏了，莫非鱼钩钩住了杂草？他赶忙建议慈禧看看另外两竿。果不其然，另外两竿都钓上了鲤鱼。这下慈禧高兴了，众人也皆大欢喜。趁着这工夫，李莲英赶忙把剩下的一竿，也就是慈禧拉不动的那竿拉了上来。出乎意料的是钓上来的不是水草，还真是一只大甲鱼。这到底是怎么回事呢？原来，小太监事先备好的鲤鱼脱钩跑了，而这只倒霉的甲鱼上钩了。于是，李莲英赶紧拍起马屁道："老佛爷，您福分真高啊，龙王爷还真给您送甲鱼来啦！"慈禧一高兴，便把两条鲤鱼赏给了李莲英。

山色湖光共一楼

山色湖光共一楼位于鱼藻轩以北，有段短廊与长廊相连，因此也可看作是长廊建筑的组成部分。此楼为八面三层楼阁式建筑，仿江苏镇江金山阁的样式而建。二层匾额上为乾隆皇帝御题"山色湖光共一楼"金字，楼内每层均供有佛像。

▲ 山色湖光共一楼

石丈亭

石丈亭位于颐和园长廊的最西头，是一座典雅别致的小庭院，并且与知春亭、留佳亭、秋水亭一起构成"四季"景观。在这一组季节景观中，石丈亭寓意"花雪表年"，即代表冬天的景致。现存石丈亭是一个"拐角"状的亭子，平面呈"门"字形，而丈人石就在"门"字拐角内。这处象征雪花纷飞的景观，如今已无当年那般冰清玉洁，但游客置身于此似乎依然能感受到过去的繁华景象。

▲ 石丈亭入口

丈人石

毫无疑问，石丈亭中最著名的景观就算丈人石了，即所谓的"石丈"。"石丈"坐落于庭院的正中，是一块高约4米的南太湖石，其石体完整，颜色浅灰，十分珍贵，堪称"京城名石之冠"。此石看起来像一位慈眉善目的老丈，故名"石丈"。石下还有雕饰精巧、细腻的石座。"石丈"厚重饱满，虽历经200余年风霜而依然保存完好，为颐和园增添了不少动人的姿色。

▲ 丈人石

丈人石的来历

颐和园长廊西头的北侧，有一座名叫"石丈亭"的小庭院。庭院正中有一块十分珍贵的太湖石——丈人石。这块石头为什么叫作"丈人石"呢？它的来历究竟是怎样的呢？人们众说纷纭，莫衷一是。下面仅列举较为普遍的几种说法。

说法一：宋代大书法家米芾不仅酷爱书画，而且爱石成癖。据载，米芾每遇奇石就会"具衣冠拜之"，并且呼其为"石丈"。这就是"呼石为丈"的典故。清代乾隆皇帝得到一峰奇秀的太湖石，便把它放在了颐和园里，并以"米芾拜石"的典故将其命名为"丈人石"。

说法二：丈人石就是米芾当年终日朝拜的那块奇石。辽金时期，丈人石历经劫难，辗转被运至北京的园圃中。清乾隆年间，丈人石被放在皇家园林清漪园中，乾隆还特作一首诗镌刻其上："岳立真堪称丈人，莓苔烟雨渍龙鳞。元章磬折何妨癖，吴事当年白简陈。"

说法三：传说有一年，河南知府曾有微服私访，某天来到一个村落。由于人困马乏，饥肠辘辘，曾有便来到村中首户王太公家。王太公为人爽快，盛情款待了曾有一行人马。

曾有谎称自己是生意人，在王太公家吃饭。就在这时，他发现王太公家的后花园里立着一块南太湖石，石高过丈，像鹤发童颜、慈眉善目的老人。向来喜爱奇石的曾有立刻放下碗筷，来到湖石前观赏起来，而且越看越入迷。

曾有的府中藏有大量石玩，而且他吃饭坐石凳、睡觉用石枕，所以人送外号"石癫"。这次在王太公家中偶遇奇石，曾有一心想将奇石据为己有，于是眉头一皱，计上心来。他对随从说："快给老爷拿来官服。"

王太公听仆人说一位客人去了后院，于是也来到后院。那位客人正是曾有，王太公建议他先吃饭，再来赏石。曾有却全然不理王太公，嘴里直念叨："好一位石丈，好一位石丈……"

过了一会儿，曾有的随从拿来了官服。曾有接过官服，不紧不慢地穿了起来。众人一看，原来这位客人竟是知府大人。大家目瞪口呆。更奇怪的事还在后头，只见曾有整理好衣冠，"扑通"一声跪在奇石前，念念有词："启禀石丈，曾有一生清廉，惟爱石如命，若蒙不弃，愿石丈迁居小人舍。小人当日日陪伴，夜夜敬奉。"知府大人葫芦里卖的什么药，众人这才恍然大悟。

从此，王太公家的"石丈"便搬进了曾有的府里。后来，修建清漪园时，各地官员争着向乾隆进献宝物。曾有深知乾隆也喜爱奇石，于是很不情愿地将"石丈"献给了乾隆。"石丈"果然使乾隆龙颜大悦，他还专门请工匠将其精心设计了一番，最后才陈设在石丈亭里。

云辉玉宇牌楼

排云门前有一座牌楼，上书"云辉玉宇"四个金字，此牌楼是万寿山建筑中轴线的起点，为四柱七楼，顶覆黄色琉璃瓦，绘有金龙和玺彩画，极其高贵。云辉玉宇牌楼表示这里的宫殿是彩云与华丽建筑相辉映的世界。牌楼的南面匾额上写着"星拱瑶枢"，告诉人们这里就是"众星拱卫的神仙之地"。牌楼外的临湖码头是慈禧太后的专用码头，每年的阴历四月十五慈禧太后都会在此放生动物。

▲ 从云辉玉宇牌楼南面看佛香阁

▲ 云辉玉宇牌楼

排云殿景区

在颐和园中，排云殿景区是南北中轴线上的核心建筑群，也是整个园内最壮观的建筑群。排云殿建筑群占地约 8000 平方米，始建于清乾隆年间，以大报恩延寿寺（排云殿）为主体建筑，包括排云门、二宫门、玉华殿、云锦殿、芳辉殿、紫霄殿、排云殿、德辉殿等。1860 年，颐和园排

▲ 排云殿

云殿建筑群被英法联军焚毁。1886 年，重建排云殿建筑群。这里还有游廊、配殿、水池、金水桥等建筑景观。

大报恩延寿寺

大报恩延寿寺简称报恩寺，是清乾隆十六年（1751年）乾隆皇帝为庆祝母亲崇庆太后六十大寿而建的。原寺共有五进，第一进为天王殿、钟楼、鼓楼；第二进为大雄宝殿，东西配殿分别为真如殿、妙觉殿；第三进为多宝殿；第四进为佛香阁，为八面三层四重风格；第五进为智慧海。1860 年，英法联军入侵北京，该寺除智慧海外其余全部被破坏。

▲ 1867—1870年大报恩延寿寺遗址

▲ 孝圣宪皇后朝服像

最有福气的崇庆皇太后

崇庆皇太后（1692—1777），即孝圣宪皇后，钮祜禄氏，满洲镶黄旗人，死后葬于泰东陵，谥"孝圣慈宣康惠敦和诚徽仁穆敬天光圣宪皇后"。孝圣宪皇后的曾祖父是清朝开国五大臣之一、"后金第一将"额亦都（1562—1621），父亲是四品典仪官、加封一等承恩公的凌柱（1664—1754）。康熙四十三年（1704 年），钮祜禄氏被指婚给胤禛贝勒，此后 10 余年皆称"格格"。康熙五十年（1711 年），她生下弘历。雍正登基后，封钮祜禄氏为熹妃，后又升为熹贵妃。乾隆即位后，尊钮祜禄氏为皇太后，可以说母以子贵。乾隆对母亲十分孝顺，平日与其左右不离，也有言必遵，而每次巡幸时几乎都要奉陪太后同行。有一次，太后过八十大寿，当时年已过六旬的乾隆皇帝还彩衣蹈舞，为母亲助兴。乾隆四十二年（1777 年），太后驾薨，享年 86 岁。纵观崇庆太后的一生，可谓享尽了人间的荣华富贵。

排云门

　　排云门是排云殿的大门，五开间，单檐歇山顶，重建于光绪年间，其外檐悬挂"排云门"满汉文的七龙斗匾。檐柱和金柱均悬挂楹联，其中檐柱的楹联为"迎辇花红星云争烂漫，当阶草碧风雨协和甘"。很明显，该楹联主要是用来歌颂太平盛世的。

▲ 排云门

十二属相石

　　排云门前左右分列有两只大铜狮，以及12块酷似十二生肖的昆仑石。其中，十二属相石为畅春园遗物，造型奇特而生动。据说，这十二属相石与慈禧太后有关。慈禧太后很喜欢石玩，便派人到畅春园中挑选十二属相石，然后将它们安放在排云门前，现已成为园中一景。但这十二块属相石的位置并非按正常顺序排列，民间说法是因为慈禧太后属羊，所以按八卦中的上上卦排列。当然，真正的原因还是一个谜，有待进一步考证。

▲ 十二属相石之一　　▲ 十二属相石之二　　▲ 十二属相石之三　　▲ 十二属相石之四

太湖石

太湖石是皇家园林的布景石材，是园林石的一种。下图为排云门前靠近昆明湖边的两块太湖石，别具风格，韵味独特。

慈禧排云门放生

慈禧是个迷信又好面子的人，在每年的阴历四月十五，她都要搞一次放生动物的活动，以示她的仁慈。

据说有一年的四月十五，慈禧带着一大群随从来到排云门外的临湖码头，这时太监总管李莲英拿出一个鸟笼对慈禧说："老佛爷，这可不是一只普通的鸟，它不仅叫得声音动听，还会算卦呢。"慈禧于

▲ "排云门"匾额

是便要鸟儿算算今年的收成情况和自己的命运等。鸟儿总是能挑出合适的吉祥语，逗得慈禧很高兴。

当慈禧把鸟笼打开，那鸟儿出去飞了几圈后又回来了，慈禧大惑不解。李莲英说："鸟儿是感戴老佛爷的恩德不愿意离开。"慈禧命人把金鱼放进昆明湖中，那金鱼良久都不离开湖岸，李莲英又不忘吹捧一番。

▲ 排云门前铜狮

这是怎么回事呢？原来李莲英为了迎合慈禧的心理，他事先把需要的纸片都粘上米粒，鸟儿就能够照他的意思来选择纸片了。一般养熟的鸟儿都会飞回来，所以鸟儿飞回来也不奇怪。但金鱼为什么不游走呢？那是李莲英事先把金鱼饿了好几天，又在湖边放了几个纱袋，袋子里面装的全是鱼食，饥饿的金鱼哪里还舍得走？

◀ 慈禧太后与宫眷（左起：瑾妃、德龄、慈禧、容龄、裕庚夫人、隆裕皇后）

排云殿

排云殿位于万寿山前山的中心位置，后在原址基础上重建时改称排云殿，才拥有今日的规模。"排云"二字取自晋代郭璞的诗句"神仙排云山，但见金银台"，寓意此地为神仙居住之所。排云殿建在高台上，重檐黄瓦，游廊、配殿环绕四周，殿内仍按原状陈列着慈禧坐过的宝座和用过的鼎炉、宫扇、围屏等。从远处看，排云殿与排云门、金水桥、二宫门、佛香阁、智慧海等依次排开，层层升高，组成了一条气势恢宏的万寿南山建筑中轴线，配上两翼的轮转藏和宝云阁等，共同构成了万寿山上最壮丽的风景线。

支摘窗

亦称和合窗，其上部可以支起，下部可以摘下。内部也有一层，上下均固定，上部可根据天气情况用纱或纸糊饰，下部安装玻璃，以便室内采光。

▲ 排云殿内景

▲ "排云殿"匾额

▲ 从佛香阁上俯瞰排云殿建筑群

玉华殿

清漪园时期，玉华殿原为大报恩延寿寺的钟楼，光绪十二年（1886年）改建为排云殿第一进院落的东配殿。大殿面阔五间，单檐正脊歇山顶，曾是慈禧太后举行万寿庆典时皇帝临时休息的地方。现在殿中陈列的文物多为当年王公大臣进献给慈禧太后的寿礼。

玉华殿 ▶

云锦殿

清漪园时期，云锦殿原为大报恩延寿寺的鼓楼，光绪十二年改建为排云殿第一进院落的西配殿。大殿面阔五间，单檐正脊歇山顶，曾是慈禧太后举行万寿庆典时二品以上王公大臣临时休息的地方。现在殿中陈列的文物多为当年王公大臣进献给慈禧太后的寿礼。

▲ 云锦殿

▲ "云锦殿"匾额

芳辉殿

清漪园时期，芳辉殿原为大报恩延寿寺妙觉殿，1860年被英法联军焚毁，1886年改建为排云殿第二进院落的东配殿。大殿面阔五间，单檐正脊歇山顶。"芳辉"二字寓意"祥瑞生平"。现在殿中陈列着王公大臣进献给慈禧太后的部分寿礼。

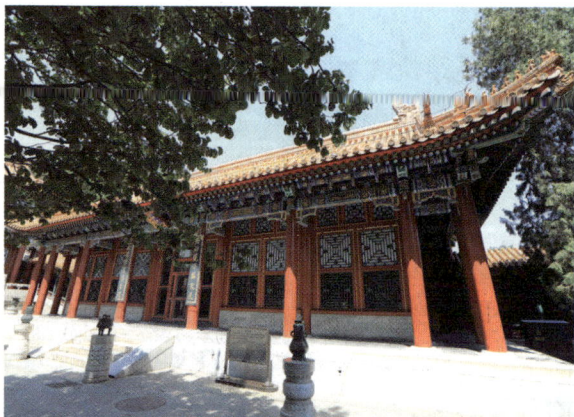
芳辉殿 ▶

二宫门

二宫门为排云殿建筑群第二进院落的宫门，面阔三间，卷棚歇山顶。宫门房檐下悬"万寿无疆"黑底金字匾，象征江山永固，是慈禧皇太后在万寿庆典中宣读贺寿表文的地方。

▲ "万寿无疆"匾额

▲ 二宫门

紫霄殿

紫霄殿原为清漪园时期大报恩延寿寺真如殿。1860年被英法联军焚毁，1886年改建为排云殿第二进院落的西配殿。大殿面阔五间，单檐正脊歇山顶。"紫霄"二字寓意"祥瑞生平"。现殿中陈列着王公大臣进献给慈禧太后的部分寿礼。

▲ 紫霄殿前铜龙

紫霄殿 ▶

紫霄殿前香炉

每当紫霄殿遇有重大活动，便在殿前香炉内焚香。此时，周边香烟缭绕，一片神秘气氛。

{ 113 }

德晖殿

▲ 德晖殿

德晖殿位于排云殿之后的石壁上,与排云殿之间有爬山廊相连。该殿前身是清漪园时期大报恩延寿寺多宝殿。1860年多宝殿毁于战火,光绪年间重修时改建为如今的格局。德晖殿面阔五间,是当年慈禧上佛香阁拜佛时更衣的地方。德晖殿上覆黄色琉璃瓦,在太阳照耀下闪闪发光,肃穆而庄严。屋檐上绘有金龙和玺彩画,显示出此殿等级颇高。

慈禧的万寿庆典

万寿庆典即慈禧太后的六十大寿,时间在1894年。从1892年开始,朝廷就已经开始准备慈禧太后的六十庆典了,当时国库并不富裕,也有大臣反对大办庆典。然而,慈禧太后不但主张大办特办,而且还要以康熙帝和乾隆帝当年大寿庆典为榜样。就在庆典工程启动后,日本开始对中国蠢蠢欲动了。为了增加相应的军费开支,清廷向英国借银1000万两。1894年7月下旬,日本不宣而战。8月1日,中日正式宣战。9月

▲ 德辉殿"春和元气"匾额

17日,日本发动黄海大战,北洋水师"致远号"等4艘战舰被击沉,几百名官兵牺牲。海上战事吃紧,但慈禧却依然乐不思蜀,为自己的庆典铺张浪费,庆典从农历十月初一到十七才告结束。而十月初十这天,日军攻占了大连。1895年4月17日,李鸿章代表清政府与日本签订了丧权辱国的《马关条约》,割让了台湾、澎湖列岛,同时赔偿2亿两白银,后又增加3000万两"赎辽费"。可以说,慈禧太后隆重的万寿庆典是大清朝走向灭亡的"回光返照"。

介寿堂

　　介寿堂在排云门东侧，在清漪园时期是一座位于大报恩延寿寺内的佛堂，名"慈福楼"，是帝、后上香时的休息之所。1860年慈福楼被毁，光绪年间重建颐和园时将其改建为一座二进三合院。前院种植了四棵古柏树，其中两棵枝丫呈"人"字状相连，另两棵正好站在"人"字中间，构成一个"介"字，"介寿堂"之名由此而来。

清华轩

　　清华轩位于排云门西侧，与介寿堂遥遥相对。清漪园时期，此地为仿杭州西湖净慈寺而修建的一座佛寺，名为"罗汉堂"，属于大报恩延寿寺的一部分。1860年罗汉堂被毁，光绪年间重建时改建为如今的格局。

▲ 清华轩

　　清华轩为二进四合院，面朝昆明湖。院中央有石砌的八角莲池，一座石桥横跨水池南北，直通清华轩正殿。"清华轩"出自东晋谢混的"水木湛清华"的诗句，与清华大学的"清华"出处相同，目前清华轩只开放了前院。

清华轩里的两位"接班人"

　　清华轩的名气在于这里曾经住过两位没有接成班的"接班人"。一位是民国时期袁世凯的大儿子袁克定，另一位是中华人民共和国成立后的林彪。袁克定曾到德国留学，通晓德语和英语。但袁克定花天酒地，很快便将袁世凯留给他的财产挥霍一空。但袁克定也是一位真性情的中国人。北平沦陷期间，他拒绝把老家洹上村花园卖给日本人，也拒绝日本人的拉拢，坚决不去华北伪政府任职。1949年3月他被通知必须从园中迁出。结账时，他已经无力交付房租，只有以文物暂作抵押。著名文物收藏家张伯驹先生看他家产耗尽，生活难以为继，便将他从颐和园接到自己家中，直至十年后他80岁去世。林彪在中共九大上被指定为毛主席的接班人并写入党章，但不久就叛国外逃，机毁人亡。

▲ 清华轩院落

清华轩大门

此门也是垂花门的一种，其本身除有装饰、防卫功能外，也起到一定的屏障作用。

佛香阁

佛香阁始建于乾隆年间，原计划建成九层宝塔而作为大报恩延寿寺的一部分，建至第八层的时候突然"奉旨停修"，改建成现在三层八面重檐的阁式建筑。此阁于1860年被英法联军焚毁，光绪年间重建。据说重建时花了78万两银子，是颐和园中耗资最大的项目。

▲ 佛香阁及周边亭子

"佛香"二字来源于佛教中对佛的歌颂，佛香阁上层题"式延风教"、中层题"气象昭回"、下层题"云外天香"，阁内供有接引佛，是慈禧太后烧香拜佛、祈福平安的地方。

佛香阁建于万寿山20多米长的石基之上，是颐和园最高的建筑，也是颐和园的中心建筑和主体建筑，是颐和园的标志。在佛香阁上居高临下可以饱览昆明湖，俯瞰玉泉山，眺望宝塔，是登高望景的胜地！佛香阁四周建有70间走廊，将之围成一个方形院落。走廊台基为汉白玉阶条石，东西走廊各有四扇屏门。走廊均为黄琉璃瓦绿剪边，明造天花，其上绘有苏式彩画。

▲ 佛香阁

乾隆改塔为阁

乾隆在建清漪园时，原本打算在万寿山上建一座九层宝塔，但建到第八层时，乾隆突然下令全部拆掉，重建一座三层的八方阁楼，即佛香阁。对于乾隆改塔为阁之事，历来众说纷纭。有人认为，乾隆为母亲建寿塔，本想把"三山五园"连为一体，但建到第八层时发现效果不是很理想，便下令拆除了。还有人认为，京西一带塔影重重，可能是看周围塔太多，为了避免重复而下令改塔为阁。事实表明，在原地建阁确实比建塔更能收到与自然"浑然一体"的效果。

▲ 佛香阁

华侨胡子春的捐献

胡子春（1860—1921），一名国廉，福建永定县中川村人，近代企业家、爱国华侨，被誉为南洋吉隆坡"锡矿大王"。13岁时，胡子春远渡南洋马来亚谋生，经过近10年积蓄后买了一片锡矿山。后来，他成为东南亚首屈一指的"锡矿大王"。此外，他还开辟了规模巨大的橡胶园和丁香园。由于胡子春对马来亚贡献巨大，英国驻南洋参政大臣封他为"太平局绅"。胡子春虽然漂泊异国他乡，却心系祖国，时刻关注着民族的安危。当时，两广总督岑春煊出巡南洋时，胡子春向清廷捐银50万两。1906年，他在回国奔丧时受到慈禧召见，又一次捐银50万两。而在清廷开办粤汉、沪杭、漳厦铁路时，他再次捐银20多万两。正因如此，他先后被清政府封为邮传尚书、荣禄大夫。1907年后，一方面

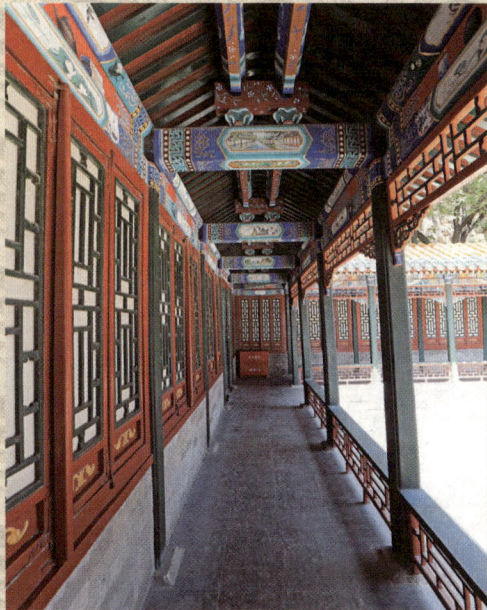

▲ 佛香阁四周走廊

由于对清廷的腐朽越来越感到失望，另一方面由于受到孙中山革命活动的影响，胡子春转而积极支持革命，并且多次捐献巨款资助孙中山。1921年，他病逝于马来亚槟城，享年62岁。

胡子春

胡子春因年少时漂泊异邦，饱受祖国贫弱的苦难，因此多次发起救国的号召，在华侨社会中声望日隆。

千手观音像的奇迹巧合

1966—1989 年，佛香阁一直没有开放，里面没有佛像。1989 年是中华人民共和国成立 40 周年大庆，希望开放佛香阁，佛香阁里面如果没有佛像的话觉得很别扭，但是时间比较紧，重新铸造佛像也不太可能。此外，重新铸造的佛像到底是恢复慈禧时期的泥像，还是恢复乾隆时期的铜像，也存在争议。就算是恢复铜像，重新铸造也来不及。当时就有人提议，能不能找一尊佛像，搁到佛香阁里面，这样的话可减少成本，时间也来得及，同时又恢复了佛香阁作为佛教建筑的一个功能。这时就有人说，北京城鼓楼西边有一个庙，里面有尊千手观音像，而且千手观音像的体积、体量及规格和历史上佛香阁里面的很相像，当时就经过寻访找到了这个庙。

▲ 佛香阁"云外天香"匾额

▲ 千手观音像

这个庙当时是一个小学，在学校里找到今天我们看到的这尊千手观音像，就把这尊千手观音像从北京城里运到了颐和园，当时据说是用直升机连夜运出来的，但是很有意思的是什么呢？这尊千手观音像运到了颐和园之后发生了一个故事。这尊当时从城里运来的千手观音像并不完整，在千手观音像的脑袋顶上少一个盖子，看上去感觉很别扭。

正当所有人都一筹莫展的时候，突然有人提出，20 世纪 70 年代有人在颐和园昆明湖中游泳的时候捞起过半个佛头，也是铜的。当时交到青龙桥革委会，经鉴定不是颐和园的东西，但由于是在昆明湖发现的，所以暂时就放在了颐和园的仓库中，这一放就十几年。反正现在也没有合适的东西，不如把那个佛头拿来试试看能不能放到千手观音像头上，先应付一下。这么一说大家觉得可以试试，这一试不要紧，那个佛头正好放在千手观音像上，严丝合缝，看样子它们原本就是一体的。一个是从城中庙里找来的千手观音像，另一个是昆明湖中捞起的佛头，为什么会合到了一起呢？这个谜到今天也没能解开。

瓮娘娘坟与佛香阁

瓮娘娘本名弘吉剌·察必，是元世祖忽必烈的皇后，不仅"貌甚美""性俭素"，而且天资聪颖，很有学问。因此，她成了元世祖最得力的助手，不仅在元世祖的众多妻妾中最受宠爱，而且满朝文武也佩服和敬重她。

据说，瓮娘娘在临死前嘱托元世祖说，她死后，希望把她埋在大都郊外丹棱北边的小山包上。元世祖问她为啥要葬在荒郊野外，她回答："日后有天子给我看坟。"按照她的遗嘱，她如愿以偿地被葬在了那座丹棱北边的小山也就是现在的翁山上。

大约500年后，到了清朝乾隆时期，乾隆皇帝看上翁山这块风水宝地后，打算在此建一座皇家园林。可是，就在建园工匠们开始大兴土木时，发现翁山下面有一个大地穴，而地穴上还有一个大石门。只见那石门清一色用三尺见方的大石块砌成，并且关得严严实实，密不透风。监工的太监觉得事情蹊跷，马上向乾隆禀报了。乾隆听了情况，心里一阵欢喜，因为他意识到民工们挖到的是瓮娘娘的坟，里面肯定会有大量金银珠宝。

因为求财心切，乾隆迫不及待地亲自赶到了现场，下令工匠们撬开地穴上的大石门。但是，工匠们费了半天劲，大石门纹丝不动，而仅仅只有一块挡门石被撬开了。正是这块挡门石让众人目瞪口呆，因为它的背面赫然出现八个大字"你不动我，我不动你"。乾隆帝向来迷信风水，所以他在看到眼前的景象后吓得脸无血色，惊慌之余，他下令工匠们赶紧把挡门石重新砌好了。而且，为了压住瓮娘娘的坟，为了使大清江山永固，乾隆命人就地修建了一座佛香阁。就这样，瓮娘娘坟上有了佛香阁后，再也没人敢掘坟盗墓了。瓮娘娘说的那句话好像应验了："日后有天子给我看坟。"

其实，博学的瓮娘娘早就预见到，翁山这里作为风水宝地日后肯定会被皇家看中，然后在此修建御苑行宫，所以才会说"日后有天子给我看坟"。至于墓前挡门石上刻着的八个大字，是为了吓唬盗墓贼的，没想到真把乾隆给吓住了。

▲ 遥望佛香阁

瓮娘娘

元世祖皇后，天性聪明，善于把握事业成败的契机，在元朝建立之初成为元世祖的得力助手。

① 韦驮菩萨 ② 智慧海之门 ③ 观世音菩萨

智慧海

　　和佛香阁一样，"智慧海"之名也出自佛教，意为佛的智慧像海一样广阔无边。智慧海外形像木质结构，但实际却没用一根木料，当然也没有梁柱，全部用琉璃砖、石料砌成，故俗称"无梁殿"。因其殿内供奉着无量寿佛，又称"无量殿"。因其为非木质结构，所以能在两次战火中保存下来，但殿内佛龛和殿外墙壁上的1110尊佛像却在两次战火中遭到了严重破坏。

▲ 智慧海

洋鬼子血染智慧海

1900年，八国联军侵华，皇家园林颐和园建筑景观在洋鬼子的烧抢之下大部分被毁坏，文物珍宝被劫掠。其中，著名的无梁殿——智慧海也未能幸免于难。

智慧海位于万寿山山顶，由纵横相间的拱券结构组成，是整个颐和园最高的一座建筑。据说八国联军进入颐和园作恶的那天，天刚黑的时候，一群洋鬼子摇头晃脑地来到了智慧海。从未见识过没用一砖一石、一檩一柁，只用琉璃砖、琉璃瓦攒成的如此豪华的房屋，从未见识过每一块琉璃砖上都雕刻着一尊栩栩如生的佛像的洋鬼子们，顿时全都傻眼了。接着，他们开始打砸抢……好端端的琉璃佛像一下子就成了缺胳膊、断腿或少头的破烂了。

就在洋鬼子们破坏得正起劲时，智慧海外面忽然出现了"嗷嗷——"的怪叫声。随即，有的洋鬼子被刮来的阵阵沙土迷了眼，有的洋鬼子被飞来的石头砸破了头……他们一个个吓得魂飞魄散，撒腿就跑。

这时，只见后边的松林里突然跳出来十多个人不像人、鬼不像鬼的家伙，他们身着黑衣，脸涂朱砂，挥舞刀剑，简直像来自阴曹地府里的索命厉鬼。这些家伙大喊大叫着冲向洋鬼子，一些洋鬼子立刻人头落地，血染当场。

大约过了两个时辰，一个死里逃生的洋鬼子从死人堆里爬了出来，慌慌张张地跑下山将刚遭遇的事报告给他们的头儿。那洋鬼子们的头儿带着人立刻来到智慧海周围，一看现场惨状，感到毛骨悚然，后背发凉，于是赶紧找来颐和园的看门老头问话。看门老头对洋鬼子们说，这些死了的洋鬼子是让智慧海里供着的地藏王菩萨也就是专管阴曹地府的阎王爷收走了。他还说，如果洋鬼子们再敢放火抢东西的话，阎王爷还会来拿他们的命。一听这样的解释，洋鬼子们吓得屁滚尿流，头也不回地就跑掉了。

其实，这世上哪有什么阎王爷呀！况且，地藏王菩萨是阎王爷也只是一种说法而已。至于那些死了的洋鬼子，是被颐和园附近的村民们杀死的。那些村民都练过武术，所以当他们看到洋鬼子在颐和园里烧杀抢掠时，出于民族义愤，于是就假扮成鬼神把一些洋鬼子给干掉了。

▲ 智慧海局部

智慧海外墙佛像

智慧海四面殿墙上镶嵌着1000多尊带龛的精致琉璃佛像。其中上层有440尊，下层有670尊。历史上，这些佛像曾被破坏过，1980年前后进行过修补。

众香界

在佛教中，众香界是佛国的地名。而作为智慧海前的一座砖石结构的宗教牌坊，它的表面以五色琉璃瓦装饰，且其正、反面和智慧海前、后面均有三字题额，分别为"众香界，祇树林；智慧海，吉祥云"。这句话连起来是佛家偈语，以此来寓意此地是一处佛门圣地。从颐和园内佛香阁到众香界，没有平整的台阶可攀登，因而走起来比较吃力，这当然也可考验朝拜者的虔诚之心。

▲ 众香界牌坊

万寿山昆明湖碑

昆明湖碑位于佛香阁东侧的院落中，石碑上刻有乾隆皇帝的手书真迹，正面为乾隆皇帝手书的"万寿山昆明湖"六个大字，背面刻有他作的《万寿山昆明湖记》，记述了昆明湖的历史沿革和他扩建昆明湖的原因（为了治水而不是为了享乐），实乃欺世盗名之作。

▲ 万寿山昆明湖碑

转轮藏

昆明湖碑后是一组木制藏传佛教寺庙——转轮藏。它始建于乾隆十五年（1750 年），本是大报恩延寿寺的一个庭院，在侵略者的战火中转轮藏神奇地存留下来，但殿内的器物和供奉的佛像都被抢掠一空。

转轮藏正殿屋脊上矗立着"福、禄、寿三星"塑像，殿内有木塔，是帝、后贮藏经书、佛像及念经祈祷的场所。塔下有地道，帝、后来此拜佛，只需转动木塔。木塔每转动一圈，表示经文被诵一遍，这也是其名字的由来。

五方阁

五方阁位于佛香阁西侧的高大台基上，与转轮藏对称，始建于乾隆年间，咸丰十年（1860 年）毁于战火，光绪年间重修。五方阁是一组宗教建筑，平面布置是佛教密宗"曼荼罗"的象征。"曼荼罗"寓意"万德圆满"。五方表示佛界东、西、南、北、中五个方位。清漪园

▲ 五方阁

时期殿内供奉释迦牟尼佛、五方佛等。每逢冬至季节，喇嘛绕殿诵经，为帝、后祈福。

五方阁建筑群坐北朝南，面阔三间，坐落在高达 11.26 米的台上，其东西配殿均面阔三间。主、配殿皆为绿色琉璃瓦歇山顶。院内四角各有一座重檐方亭，院内有 24 间回廊连接各座建筑。

▲ 汉白玉石坊

宝云阁汉白玉石坊

在宝云阁外院前有一座汉白玉石坊，面阔三间，由四根柱子支撑，看起来十分气派。

石坊横联曰："山色因心远，泉声入目凉""川岩独钟秀，天地不言工"；柱联曰："境自远尘皆入咏，物含妙理总堪寻""苔雪溪山吴苑画，潇湘烟雨楚天云"。这些楹联均是乾隆御笔。

宝云阁

宝云阁建于乾隆二十年（1755年），是在1860年英法联军火烧清漪园时极少幸存的建筑之一，但殿内陈设都被掠夺一空，仅剩一张20吨重的铜桌，1945年日军企图将铜桌盗走，刚运到天津时恰逢抗战胜利，铜桌才免于一劫。殿内十扇铜窗在1900年八国联军侵华时流落海外，1993年由美国国际集团公司出资购得并赠予颐和园。

▲ 宝云阁铜殿

▲ 宝云阁铜殿建筑群

宝云阁又称"铜殿""金殿"，其新颖之处在于它通体用铜铸成，表面呈蟹青色，其外表与木制建筑毫无两样，具有极高的科学和艺术价值。宝云阁高7.55米，用铜41.4万斤，重207吨，其南墙上刻有工匠的姓名。

失而复得的铜殿门窗

1900年八国联军入侵北京，包括颐和园在内的北京城又一次遭受空前的灾难。宝云阁上的十扇铜窗便在此后不翼而飞。宝云阁上的每扇铜窗都重达100多斤。究竟是何人盗走的呢？是外国侵略者还是本国盗贼？这么重的东西又是怎么盗走、怎么流失海外的呢？关于这些问题，至今还是一宗谜案。

一晃就到了1975年，终于从海外传来了铜窗的消息。巴黎一家古玩店突然致函故宫管理处，称有颐和园铜窗高价出售。1983年冬，法国驻中国大使的夫人受人之托突然来到颐和园，测量了宝云阁上的窗户尺寸。

▲ 宝云阁铜殿门窗

回国后她惊奇地发现这些尺寸和朋友提供的尺寸完全吻合！不久从巴黎传来消息，一位私人收藏家希望中国能把铜窗买回去。好事多磨，这一晃又是十年！

1992年，美国人鲍威廉听说了这件事，便想把铜窗买过来"完璧归赵"。但他自己经济实力有限，便劝说美国国际集团董事长格林伯格买下此物归还中国。当了解了事情的原委后，格林伯格决定由美国国际集团史带基金会出资购回十扇铜窗并无偿捐给中国。

1993年12月2日，流落海外85载的宝云阁十扇铜窗正式"回归"颐和园，但铜窗究竟是怎么"不翼而飞"的，现在仍是个谜。

画中游景区

▲ 画中游建筑群的亭子

画中游建筑群位于听鹂馆后面的小山坡上，包括画中游、澄辉阁、借秋楼、爱山楼、湖山真意轩等建筑。此建筑群始建于乾隆年间，1860 年被英法联军烧毁，光绪年间重建，由三亭二楼一斋一牌坊组成，各建筑之间有爬山廊沟通。画中游建筑群依山而建，站在最高处的澄辉阁上可以一览昆明湖的湖光山色和玉泉山的青山绿影。

▲ 画中游

画中游各建筑颜色各不相同，其地势高低起伏，深暗得体，酷似一幅山水画。乾隆有诗云："层楼雅号画中游，四面云窗万景收。只有昆明太空阔，破烟几点下闲鸥。"

乾隆亲自设计画中游

▲ 画中游殿

画中游是一组点景建筑，坐落于颐和园排云殿两边，其中的亭台楼阁别具一格，相传是乾隆亲自设计的。当年乾隆三下江南，对江南园林美景极其迷恋，于是在回京后想仿照江南建筑风格造一座清漪园。乾隆找来工匠制作模型，也设计了多种图样，但最终均不满意。某夜，乾隆在梦中得遇一位白须老人指点，看到了两幅画着楼台亭阁的美妙绝伦的画轴，还被老者邀请去画中游了一番。据说，乾隆在梦中游览美景时还赋诗一首："金山竹影几千秋，云锁高飞水自流。万里长江飘玉带，一轮明月滚金球。远至湖北三千里，近到江南十六州。美景一时观不尽，天缘有份画中游。"梦醒后，乾隆依据梦中所见画了一张"画中游"图样，然后命内务府制成烫样，并依次建造了这些精致的景观。

爬山廊

"爬山廊"为建筑用语，用于连接山坡上下两组建筑的廊子。常见的有"叠落式爬山廊"和"斜坡式爬山廊"。

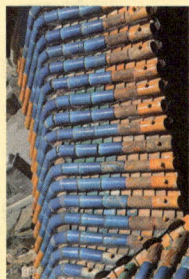

▲ 石牌楼

石牌楼

　　石牌楼坐落于颐和园画中游景区，是一座乾隆年间的建筑。此牌楼坐北朝南，地处澄辉阁、画中游殿之间，为庑殿顶风格。正脊南北雕刻有二龙戏珠图案。立柱南北分别雕有楹联，即"幽籁静中观水动，尘心息后觉凉来"和"闲云归岫连峰暗，飞瀑垂空漱石凉"。立柱南北还各有一块巨大的抱鼓石。牌楼上还线雕了缠枝花草纹饰，如深山高士图、携琴访友图等。此牌楼用料之大、雕工之精，堪称颐和园单门牌楼之最，虽历经200多年风雨而至今仍保存完整，是非常值得一看的景观。

湖山真意轩

　　湖山真意轩位于画中游东北角的后面，在万寿山西部的山脊上，原为清音山馆，建于乾隆年间，为卷棚式敞厅，乾隆皇帝经常来此听乐，有时还会亲自擂鼓奏乐。此处也是观景的好地方，乾隆有诗云："地籁悠然无籁闲，虚轩如翼冠孱颜。鲁山诗趣分明是，不在烟波缥缈间。"

　　1860年，英法联军的侵略战火波及此地，光绪年间重修时改名为"湖山真意"。此建筑之妙在于充分运用我国古代建筑中的借景手法，有意识却又不露痕迹地将园外的景物"借"到园内来，以有限之地收无限之景。

▲ 湖山真意轩

◀ 湖山真意轩前的垂花门

精美的垂花门

　　俗话说"大门不出，二门不迈"，这里的"二门"指的就是垂花门。垂花门作为古代汉族民居建筑的内门，在整座宅院的中轴线上，是外宅（前院）、内宅（后院）的唯一通道，所以是很有讲究的。垂花门因其檐柱垂吊在屋檐下不落地，且垂珠通常彩绘为花瓣形状而得名。有了垂花门，皇宅界分内外，内院是自家居住的场所，外院多用来接待客人。所以，垂花门也是全园中最醒目的地方，外人一般不能随便出入。

听鹂馆

听鹂馆位于长廊西端北面的一处高台上，始建于乾隆十九年（1754年），1860年被毁，1892年按原样复建戏台，仅改变了其朝向。"听鹂"并非指听黄鹂鸟的叫声，而是比喻演员的声音如同黄鹂鸟一样优美动人。此馆是乾隆为母亲所建的戏台，相传乾隆曾在此为母亲登台献

▲ 听鹂馆饭庄

艺。德和园戏楼未建成时，这里一度是慈禧听戏的主要场所。中华人民共和国成立后，听鹂馆被指定为专门接待中央领导和外国元首的场所，曾经接待过英国女王、美国国务卿舒尔茨等上百位国家元首和政府首脑。如今听鹂馆已经成为专营宫廷菜的餐厅，以供游客用餐、休息，是京城一家有名的宫廷菜饭庄。

▲ 听鹂馆饭庄大门

无极散花鱼

听鹂馆戏台

据说在清漪园时期，因乾隆皇帝要亲自登台为母亲表演，而我国古代有南面为尊的说法，《易经·说卦传》云"圣人南面而听天下，向明而治"，故而在建听鹂馆时特意将戏台朝南而建。但在光绪年间重建时，假如戏楼朝南，听戏就要面向北，与人们传统意识相左，因而将戏台的朝向变成坐南朝北。

听鹂馆美食：肉末烧饼

据记载，慈禧在颐和园乐寿堂夜里睡觉时做了一个梦，梦见吃肉末烧饼。可她第二天清晨醒来发现这不过是自己做的一个梦，并没有真正吃到烧饼。正当她回忆梦境时，太监端上早餐。慈禧一看，发现有她梦中的肉末烧饼，非常高兴。于是问是谁做的，当差的太监说是赵永寿做的。赵为百家姓第一姓，永寿为永远健康长寿之意。听到这么吉祥的名字，慈禧更加高兴。于是，她下令封这个烧饼为"圆梦烧饼"，并赏赐赵永寿一个尾翎和20两银子。从此"圆梦烧饼"也出了名。

▲ 肉末烧饼

听鹂馆美食：豌豆黄、芸豆卷

相传，一天慈禧在北海静心斋的院子里纳凉，忽听墙外传来一阵敲打铜锣的叫卖声。慈禧便问她身边的侍女，外面是干什么的。侍女告诉她是做小买卖的，卖的是豌豆黄、芸豆卷。慈禧听后感到很新奇，便立即叫身边的宫女给她买一些尝尝。当时天气很闷热，慈禧吃了买来的豌豆黄、芸豆卷后感觉非常适口、清爽，香甜细嫩，入口即化。第二天，她便把做小买卖的人请进宫中，专为她制作豌豆黄和芸豆卷。随后，豌豆黄和芸豆卷成了慈禧非常喜欢的一种小吃。

▲ 芸豆卷　　　　▲ 豌豆黄

听鹂馆美食：香酥鸡

香酥鸡是山东传统风味菜肴，传遍济南、青岛、烟台等地区。此菜选用笋母鸡，以高汤蒸熟，火候足到，入油再炸，焦酥异常，其色红润，肉烂味美，是佐酒之美味。

▲ 香酥鸡

听鹂馆美食：佛跳墙

佛跳墙原名福寿全。光绪二十五年（1899年），福州一名官员宴请福建布政使周莲。他为巴结周莲，令内眷亲自主厨，用绍兴酒坛装鸡、鸭、羊肉、猪肚、鸽蛋及海产品等10多种原、辅料煨制而成，取名"福寿全"。周莲尝后赞不绝口。后来，衙厨郑春发学成烹制此菜后加以改进。到郑春发开设"聚春园"菜馆时，此菜已轰动榕城。有一次，一批文人墨客来尝此菜，当"福寿全"上席启坛时，荤香四溢。其中一位秀才心醉神迷，触发诗兴，当即吟道："坛启荤香飘四邻，佛闻弃禅跳墙来。"从此，此菜改名为"佛跳墙"。另外，佛跳墙还有补虚养生、调理营养不良的功效。

▲ 佛跳墙

满汉全席

满汉全席是清宫廷盛宴，原是清代宫廷中举办宴会时满人和汉人共同做的一种全席，既有宫廷菜肴之特色，又有地方风味之精华。它突出了满族菜点的特殊风味，烧烤、涮锅几乎是不可缺少的菜点，同时又展示了汉族烹调的特色，扒、炸、炒、熘、烧等兼备，实乃中华菜系文化的瑰宝和最高境界。满汉全席上菜一般起码108种（南菜54道和北菜54道），菜式有咸有甜、有荤有素，取材广泛，用料精细，山珍海味无所不包。

▲ "寿"字人参鸭

清晏舫

在长廊西端的石丈亭后面，有一艘停靠在岸边的大石船，即著名的石舫，也叫清晏舫。石舫始建于乾隆二十年（1755年），全长36米，船身由大块青石雕砌而成，船上有木制中式楼阁，1860年船上木制建筑被英法联军烧毁，光绪十九年（1893年）重修时仿照法国游艇"翔凤号"将其改建为西式楼阁，并油饰成大理石纹路，使其外形酷似石制建筑，并在其窗户上配上西式五彩玻璃，船身两侧各配上一个机轮，并取"河清晏"之意而改名为清晏舫。下雨时雨水顺着四根空心柱流下，通过船身的四个龙头排入湖中，"四龙吐水"的景观也很值得一看。

石舫的寓意

在中国古典园林艺术中，讲究有山就有水、有水就有舟。但是因为"舟"是石头做的，因而不会飘走，所以石舫又叫"不系舟"，这样就能展现出"野渡无人舟自横"的优美意境。唐太宗有"水能载舟，亦能覆舟"之说，所以，乾隆皇帝造此石舫主要是为了寓意大清江山永固、坚如磐石。

▲ 清晏舫

清晏舫的传说

当年，慈禧为了给自己庆祝五十大寿，决心重建颐和园。一天，她让贴身太监想办法筹措建园经费。可是颐和园这么大的工程开销，到哪里去筹钱呢？贴身太监向慈禧试探口风，慈禧随意说：可以去找海军大臣。原来，慈禧早就打起了海军军费的主意。

海军大臣、醇亲王奕譞是当朝皇

▲ 清晏舫

帝光绪的父亲，他是父以子贵才从亲王当上了摄政王和海军大臣的。为了巴结讨好慈禧，奕譞曾经大修三海——前海、中海、后海。

慈禧的贴身太监来到了总理海军事务衙门，把重修颐和园一事告知了奕譞，奕譞立刻就领会了慈禧的意思。于是，奕譞以训练海军为名，挪用海军军费修建颐和园。

慈禧太后为了配合奕譞的举动，一唱一和，不但又给海军衙门拨了100万两白银，还特许奕譞说，海防捐、海关税都可以用来建园。

就这样，工程浩大的颐和园在奕譞的主持下建成了。并且，堂而皇之地在颐和园里挂起了"水操学堂"的牌匾，还虚张声势地找来一些水师学员在昆明湖上操练了起来……

慈禧终于迎来了五十大寿庆典。这天，她率领文武百官在张灯结彩的颐和园里观赏湖光山色，并首先赏赐了海军衙门。就在慈禧一行来到昆明湖北岸时，发现这里的石舫上不但装着大炮，而且炮口正对万寿山，于是大发雷霆。贴身太监赶忙上前悄悄提了一句"海军军费"，奕譞也赶忙解释了海军"炮船"只是个摆设而已。慈禧这才消了怒气，但当即下令拆除石舫上的大炮。

慈禧喜欢游玩作乐，到颐和园次数多了之后，怎么都看水操学堂不顺眼，于是连它干脆也给一块弄走了，最后换上了一块"颐和园"的匾额。当然，关于清晏舫的故事只是传说而已。

奕譞

道光帝第七子，咸丰帝异母弟。他负责建设海军的时候，为了让慈禧满意，挪用了很大一部分海军经费修建颐和园。

宿云檐城关

宿云檐城关位于万寿山前山西侧，与石舫相隔不远。宿云檐城关又名贝阙门，始建于乾隆年间，清漪园时期仅北面有围墙。宿云檐城关东控山路，西据河湖，南邻街市，北通西如意门，是一座扼守水陆交通的雄关要塞。

宿云檐城关上建有一座单层重檐砖木结构的八角攒尖楼阁，楼内建有一座八方暖阁，关内供奉有武圣关羽的塑像。宿云檐城关与昆明湖对面供奉文昌帝君的文昌阁互为对景，一文一武，寓意文武辅弼。

▲ 宿云檐城关

大船坞

颐和园皇家大船坞坐落于万寿山西麓，是国内现存最大的船坞建筑，距今已有 200 多年的历史。船坞当年曾是皇家的泊船之所，专供乾隆皇帝、慈禧太后停泊御船之用，可惜于 1860 年被英法联军焚毁。慈禧重修颐和园时复建了大船坞，并新建两座小船坞。现在，大船坞已全部修复，并且保留了原有的历史韵味，极具观赏和科研价值。

▲ 大船坞

西所买卖街

颐和园有两条买卖街：一为万寿山西麓的西所买卖街，又称为"小苏州街"；一为万寿山后的后溪河买卖街，即俗称的"苏州街"。西所买卖街街道曲折，其西有一条万字河，形成了"前街后河"的形式。该街原来店铺更多，有基材斋、鸣佩斋、日升号、瑞生号等数十家铺面，建筑面积比后溪河买卖街大。重修时修复了部分建筑，但在建筑结构、数量上均有很大变化，尤其在功能上已不再作为专门的买卖街使用。慈禧经常来此游玩、赏月。

▲ 万字河及荇桥

荇桥

荇桥位于石舫西北侧，横跨万字河之上。其北为万字河北段，往北可直通宿云檐城关，往南可眺望石舫。

荇桥始建于乾隆二十三年（1758年），深受乾隆帝喜爱。光绪十八年（1892年）重修，目前为重修之后的样式。

▲ 荇桥上的亭子

桥面标高2.53米，有18块勾栏栏板、16个望柱，方砖地面，具有一种独特的美。

荇桥桥下有三孔分水桥洞，中间桥洞宽大，小舟可轻松通过。桥洞南北两边的分水金刚墙为棱柱样式，雕工精美。棱柱上层建筑为斗拱样式，斗拱之上各立一只汉白玉石狮。石狮形态逼真，是颐和园诸多亭桥中最精美的雕刻。

桥亭的顶部设计独特，为仿盝顶形式，屋脊平缓舒展，与石桥、汉白玉栏杆及桥墩上精美的石狮构成一幅完美的图画。

荇桥上的石狮

在桥墩两端各有一对石狮，活泼可爱，眺望着来往的游人以及万字河上的游船。

东西牌楼

荇桥东西各有一座精美的三间四柱牌楼，上书乾隆皇帝关于荇桥美景的描写：东牌楼曰"蔚翠""霏香"，西牌楼曰"烟屿""云岩"。两侧牌楼为青石台基，正脊吻兽，与荇桥相对而立，造型精美，构图和谐。

▲ 荇桥东牌楼"蔚翠"

荇桥石狮的来历

　　荇桥位于颐和园内石舫西北侧的万字河上,其桥洞南北两边都有汉白玉石狮,总共有四个。石狮形态威猛、造型逼真、精美,在颐和园内数一数二。那么,关于这些石狮的来历有着怎样的传说故事呢?

　　荇桥建成之后,乾隆很喜欢这里,经常来此游玩赏景。慈禧不仅对荇桥喜爱有加,还命人在桥的附近修建了"小苏州街",并且模拟真实场景,让太监和宫女在里面吆喝买卖、唱戏杂耍,氛围很热闹。

　　有一年,为了庆祝中秋节,颐和园内到处挂起了灯笼、彩带、绸花等,其中以小苏州街、万字河和荇桥最为喜气洋洋。但是,天公不作美,下午变成了麻阴天。晚饭过后,天气更坏了,看来要出现"云遮月"天象了。

　　像往年一样,慈禧带着一行人来到了小苏州街。因为天气差,慈禧也阴沉着脸。就这样,平日一派繁华景象的地方,这时除了灯火辉煌的灯笼之外,再也听不到平日热闹的"市声"了。大家都憋着气,不敢出声。

　　观景没多久,慈禧就准备打道回府了。可就在她起驾之时,刚转了个头,吓得大喊一声,重新坐回凳子上。她嘴里喊:"蛇!"这里哪有什么蛇呢?原来,她错把荇桥上挂的那串灯笼看成了一条蛇。这是因为慈禧白天刚刚跟光绪发完火,心里窝着事,于是相由心生,看什么都不顺眼。而在她起驾转身之时,外面刮起了风,万字河上的灯笼在风中摇摆不定,恰似一条游走的蛇,并且荇桥桥头上的两盏马头灯活像蛇的眼珠子。

　　过了两天,慈禧下令工匠改造荇桥。工匠想来想去,最终想出了一个好办法,那就是在桥头立上石狮,如此才能镇住慈禧的心魔——蛇。因为狮子乃百兽之王,蛇也要受其统治。这样,不仅慈禧满意了,而且使荇桥看起来也更加风韵款款了。

▲ 荇桥西牌楼"云岩"

延清赏楼

延清赏楼初名延清楼，位于万寿山西麓，原为清漪园早期建筑，1860年被英法联军烧毁，慈禧太后按旧制改建。此楼上下两层，各三间，两侧分别有斜门殿、穿堂殿、小有趣等建筑。这些楼、堂、亭、廊形态各异，错落有致，

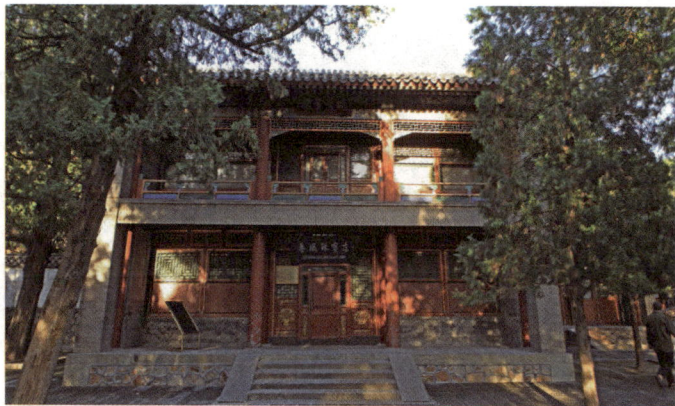

▲ 延清赏楼

恰如其分地点缀着这里的山坡，营造出了一种江南园林的氛围，正如"延清赏楼"所包含的长久观赏、流连忘返的意境。

五圣祠

五圣祠坐落于荇桥西面，建成于清光绪年间，是一座小四合院式寺庙。

该祠临水而建，门前有一座码头；院内有三间正殿，正殿东西各有两间配殿，殿后有五间后罩殿，风格皆为硬山正脊式。殿内供奉五尊正神，分别为火神、山神、地神、谷神、花神，寓意"五谷丰登""天下太平"。可惜的是，祠内祀奉神像在1966年被毁。此外，东院墙上还有一扇小门，可供游人出入。

小有天

小有天坐落于万寿山西侧，是当年清漪园中的一组建筑群。该组建筑以延清赏楼为主体，以斜门殿、小有天亭等为重要组成部分。"小有天"一名取自道教中的仙境——洞天福地，意思是山中有洞可通上天。杭州西湖畔有一处汪之尊园，乾隆南巡时对其十分赞赏，且赐名"小有天园"。回京后，乾隆命人在圆明园内仿建了一座小有天园。小有天建筑精美，意境悠远，值得一看。

▲ 小有天亭

圆门

我国古代建筑中的一种门，多用于园林中，既起到装饰作用，也有一定的实用功能。

半壁桥

半壁桥位于万寿山北的后溪河西端，南与宿云檐城关遥遥相对，往北可通往北如意门。半壁桥为单孔石拱桥，其桥基和拱券为青石材质，桥身为砖砌，上有汉白玉桥栏板，现存建筑为清漪园时期的遗物。桥洞高大宽敞，下面可通行帝、后的画舫。风和日丽时，半圆形的桥拱与水面上的倒影呈圆形，犹如一块玉璧。这也许就是此桥名称的由来。

▲ 半壁桥

"林彪桥"

在颐和园石舫之北，过宿云檐城关，有一座与四周景物很不相称的石桥，这座桥身低平的桥却没有名称，颐和园里的工作人员以及常在这里游玩的人都叫它"林彪桥"。"林彪桥"西侧不远有一座拱桥，叫半壁桥。

▲ "林彪桥"

当年乾隆皇帝来园中游览的时候，时常乘船从前湖而来，自桥下经过。因为身体的原因，林彪不能长时间走路，因而出行时都需要坐汽车。林彪在颐和园里的住处是清华轩，到那里必须经过半壁桥，而半壁桥又是不能通车的。于是在半壁桥的旁边修了一座平坦的石桥。只是当这座桥竣工之前，林彪已经摔死在蒙古温都尔汗。后来，对这座桥如何处理产生了不同的意见。有人主张炸掉，有人主张保留。最终，这座桥保留了下来，使这座古老的园林中也多了一道双桥并立的奇观。

前山点景区

　　万寿山前山点景区中的建筑是万寿山中轴线建筑的陪衬，与园内庄严肃穆、气势恢宏的主体建筑相比，这些建筑显得活泼自然，其形制很少雷同，从屋顶、台基到墙面都变化多样，各有千秋。古代建筑中的悬山、歇山、硬山、重檐、卷棚、勾连搭、攒尖等屋顶形式在园内都能找到。万寿山前山点景区包括景福阁、紫气东来关、养云轩、福荫轩、含新亭、写秋轩、云松巢、邵窝、乐农轩、无尽意轩、意迟云在轩等。

▲ 景福阁建筑群

景福阁

　　景福阁的前身是清漪园时期的昙花阁，它是一座六瓣莲花型的三层楼阁，1860年被毁，1892年重建为现在的景福阁。据说"景福阁"三字是慈禧所写，阁名出自《诗经·小雅·小明》："神之听之，介尔景福。"景福即大福，意为洪福齐天。景福阁的楹联也呈现出皇家气派："密荫千章此地直疑黄岳近，祥雯五色其光上与紫霄齐。"由于景福阁临近宫廷区，而且地势高，参天古木环绕其间，是登高望远、俯瞰众景的好地方，因而慈禧经常在此驻足。每年的七夕拜牛郎织女、中秋赏月、重阳登高等，慈禧都会来此。

　　北平和平解放前夕，这里也曾作为会场见证了北平和谈的历史时刻。

▲ 景福阁

{ 137 }

昙花阁

　　站在南湖岛上向北眺望，万寿山上的佛香阁显得"君临天下"，十分突出。殊不知在乾隆年间，在万寿山左肩上还有一座显赫的高层建筑——昙花阁，阁的四周各有一座高大的牌楼，五光十色，与佛香阁遥相呼应。

　　昙花阁后来被大火烧毁了，慈禧太后重修颐和园的时候对昙花阁提出了自己的看法。慈禧太后喜欢赏月，喜欢看雨景，过去昙花阁的样子显然无法满足慈禧的要求，怎么办？就在这儿给她建一个景福阁，景福的意思是什么呢？景福就是大福，景就是大的意思。慈禧太后企望的是福和寿，所以取名叫景福阁，而景福阁下面有一个小院叫益寿堂。

▲ 清漪园时期的昙花阁

益寿堂

▲ 益寿堂

　　益寿堂位于颐和园景福阁东北侧的坡下，建于光绪年间。关于其用途，一说是慈禧游览景福阁后休息和用膳之所，另一说是皇宫药房和御医院。

　　益寿堂是一座典型的北方四合院，有东西配殿各三间，正殿五间，悬"松春斋"匾。其垂花门檐下悬挂慈禧手书"益寿堂"牌匾，门墩为方形，上有卧狮，院墙镶有什锦花窗。整座建筑韵味高雅，掩映在山石翠柏之中。

　　1948年北平和平解放前夕，中共谈判代表叶剑英曾居住于此，与杜聿明的谈判就在旁边的景福阁进行。毛泽东进北平前在西郊机场检阅部队时也曾在此休息。1956年此院被辟为招待所，不对外开放。

决定北平命运的谈判

　　辽沈战役后，东北野战军挥师南下，与华北野战军合作，将华北傅作义集团分割包围于北平、天津、塘沽、张家口、新保安五个孤立的据点。接着解放军迅速解放了张家口、天津，在历史的重要关头，傅作义将军顺应历史潮流，冲破重重阻挠，毅然投向了人民的怀抱。1949年1月，按照签订的《关于北平和平解决问题的协议书》规定，双方派人成立联合办事机构，处理北平和平解放后的有关军政事宜。29日，解放军代表与傅作义代表在颐和园益寿堂召开了联合办事机构的成立大会。

"月圆人亦园"的荟亭

荟亭又称双亭，位于万寿山东侧半山腰，是一座六角形尖顶亭子。"荟"的意思是草木繁盛。荟亭既是观景亭，也是点景，其造型轻巧，玲珑雅致，站在高处往下看，就像是一对即将比翼双飞的鸟儿。此外，亭子周围林木葱郁，鸟语花香，环境十分幽静。游客登临此亭，既可远眺，也可近观，还是歇息的好去处。

紫气东来关

紫气东来城关位于万寿山东麓的两峰之间。重檐城楼，砖雕城堞，是当时的防卫据点之一。南侧书有"紫气东来"，是乾隆皇帝御笔，取自老子出关的典故；北侧书有"赤城霞起"，出自东晋孙绰的《游天台山赋》"赤诚霞起而建标，瀑布飞流以界道"的名句。"赤城"为地名，位于今浙江台州天台县北，"霞起"是指天台山一带石壁呈红色，状似红霞。孙绰博学善书，是曾经参加过王羲之"兰亭修禊"的诗人和书法家。

登上城关可眺望谐趣园池榭。

▲ 荟亭

荟亭内顶

内顶用红绿两种颜色的木条组成条块，结构对称，颇具特色。

▲ 紫气东来关的"紫气东来"面　　▲ 紫气东来关的"赤城霞起"面

养云轩

在乐寿堂以西、排云殿以东、长廊以北有一处独立的五间院落，这便是养云轩。"养云轩"意为"养蓄云气之轩"。养云轩是颐和园中现存不多的乾隆年间的建筑，东厢房叫"随香"，西厢房叫"含缘"。慈禧来园时，这里是嫔妃、格格等的休息之所。慈禧的女画师缪素筠曾住于此。

养云轩门前有名为葫芦湖的莲塘，上有一孔汉白玉石拱桥。过桥便到了著名的长廊。轩东有叠石洞穴及天桥通往乐寿堂的西花园扬仁风。

此处既然叫"养云"，自然要有朦胧、飘逸的云。此"云"何来？乾隆在《咏养云轩》诗中写道："水云养以湖，山云养以室。居山复近水，云相兹合一。"养云轩地处山脚，面湖隔廊，山上松烟石瘴汇成山岚，顺着山势灌入轩中；而水中的雾气在晨曦暮霭中生成，向岸边涌送，于是山与水的灵魂在流动的云霭雾气中交汇、融合。而游人走进由灵秀的"云"浸漫过的长廊，便进入了"仙境"。

▲ 养云轩门前汉白玉石拱桥

▲ 养云轩钟式门

养云轩大门似钟，六角形状，极为别致。门额书"川泳云飞"，门两侧的石刻楹联"天外是银河烟波婉转，云中开翠幄香雨霏微"均为乾隆御笔。放眼轩外，浩瀚的昆明湖烟波婉转；徜徉轩中，绿色帏帐云雾缥缈。多么美妙的境界啊！

福荫轩

福荫轩原名餐秀亭,位于颐和园万寿山东北部,面积103平方米,始建于清乾隆年间。福荫轩为两层楼式建筑,坐北朝南,面阔三间,像一个隐藏于苍松翠柏中的"小家碧玉"。与荟亭一样,福荫轩既是点景,也是赏景,登上此轩可饱览赏山中的景色,令人赏心悦目。此外,福荫轩东西两面各有三间曲折游廊,营造出了一种"曲径通幽"的氛围。

"燕台大观"

"燕台大观"位于福荫轩西侧,是一块乾隆年间的摩崖题刻。此题刻为四个斗方阴刻大字,是乾隆皇帝御笔,也是他最早的摩崖题刻。其中,"燕台"是指战国时燕昭王所筑的黄金台,也称贤士台、招贤台。乾隆以此命名摩崖题刻的寓意为招贤纳士。"燕台大观"至今字迹清晰,保存完好,是游客不容错过的一处景观。

▲ 福荫轩

▲ "燕台大观"题刻

"福荫轩"匾额

"福荫"二字寓意"多福多寿、荫丰后人"。

含新亭

含新亭依山坡而建，坐北朝南，六角重檐，攒尖，其名寓意"含蕴清新"。亭子的东、西、北三面还有著名的太湖石。这些山石当初有七块，堆砌成林，妙趣横生，仿佛南国石林。现在，山石只剩下两块，形状如剑，指向蓝天，造型奇特。山石上还题有御制诗句。

▲ 写秋轩

▲ 写秋轩寻云亭

写秋轩

写秋轩位于万寿山东侧的半山坡上，是一组小型园林建筑，始建于乾隆年间，1860年被毁，光绪年间重建，面阔三间，两侧有爬山廊连接两配亭。东亭名"观生意"，西亭名"寻云亭"。顾名思义，写秋轩是专门为观赏秋景而建的，此地隐于山间，幽静雅致，其四周植有黄栌、菊花等，别有一番秋意在心头。乾隆有诗云："可知圆盖本无私，下露金风又一时。仁者见仁智者智，写秋自是此轩宜。"

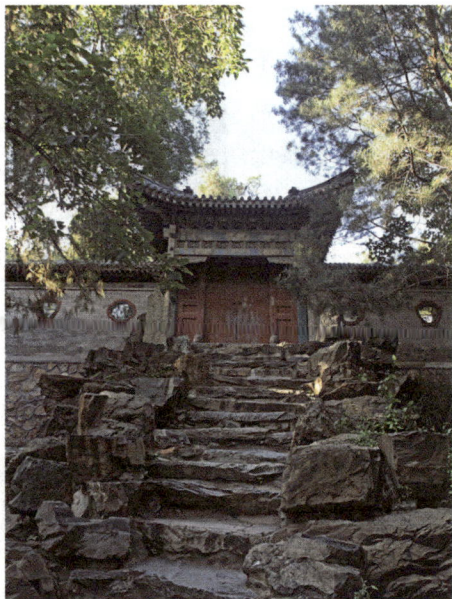

云松巢

云松巢位于万寿山前山西侧的一处高台上，其山下是山色湖光共一楼。此院落建于乾隆年间，1860年毁于战火，光绪年间重建，现不对外开放。其名出自李白的诗句"吾将此地巢云松"，意为"我要在此隐居了"，看来皇帝有时也有隐居之心。

▲ 云松巢

邵窝

邵窝位于万寿山前山西侧的云松巢之上，是一处独立的小院落，始建于乾隆年间，1860年毁于战火，光绪年间修复，其名取自"邵雍式的安乐窝"之意。邵雍是北宋哲学家，隐居在山林，隐居之地被其命名为"安乐窝"。邵窝由一殿、一亭、一廊组成，其主体建筑邵窝殿位于院子东侧高台上，其西侧有一座绿畦亭，此亭为方形。邵窝殿与绿畦亭间有爬山廊相连。

▲ 邵窝殿

悬山顶

古代汉族民居建筑的一种屋顶样式。其屋檐悬伸在山墙以外（又称为挑山或出山），规格上次于庑殿顶和歇山顶。

乐农轩

乐农轩位于万寿山东侧，与谐趣园相距不远。乐寿堂建于光绪年间重修颐和园时，其建筑本身并没什么值得称道的，但它因与慈禧太后"西狩"有关，因此也时常受到人们的关注。

当年八国联军进攻北京时，慈禧太后携光绪皇帝逃往西安，途中肚子饿了，随从向当地人讨了几个窝窝头，饥肠辘辘的慈禧觉得特别可口。回京后，慈禧有感于当时的情景，特命人在颐和园仿照当地的民居修建了乐农轩，并将其东侧变为菜地，种植一些瓜果蔬菜，俨然一派农舍村景。

▲ 乐农轩

▲ 乐农轩屋顶

{ 143 }

无尽意轩

无尽意轩是位于昆明湖畔东部、养云轩附近的一处独立院落。院内正轩面阔五间，东西两侧各有厢房三间，东西北环闭，南面敞开，背山临水，极为幽静。"无尽意"是"无尽藏"之意，"无尽"是佛家术语，意为"无相、无为法、没有边界"。

乾隆在《题无尽意轩》注中说："清漪园之无尽意轩，避暑山庄之有意真轩，均屡经题咏，向尝有句云：无尽有真同一意，盖无尽乃有真，而有尽必致无真……"

▲ 无尽意轩

意迟云在轩

意迟云在轩位于万寿山前山东侧一处半山坡上，始建于乾隆十九年（1754年），1860年被英法联军烧毁，光绪十八年（1892年）重建。

意迟云在轩为卷棚式敞厅建筑，是供帝、后游山时的休憩之所。此轩面阔三间，下铺金砖地面，上绘苏式彩画。"意迟云在"出自唐代大诗人杜甫的《江亭》的诗句"水流心不竞，云在意俱迟"。站在此轩中向西眺望，西山秀色可尽收眼底。

▲ 意迟云在轩

万寿山后山后湖景区

　　与前山景区的富丽堂皇相比，后山后湖景区就显得更加婉约和清新自然了。由于慈禧太后重修颐和园时资金有限，后山建筑显得有些破败，有沉重的历史沧桑感。庞大的藏式建筑——四大部洲建筑群直到近年来才得到部分恢复。后湖景区则更具有江南水乡的味道，苏州街的水乡风情和谐趣园的江南园林艺术具有独特的江南韵味。

▲ 四大部洲

四大部洲

　　四大部洲位于万寿山后山风景区，为一组藏式喇嘛庙建筑。它始建于乾隆年间，1860 年毁于英法联军的侵略战火，1888 年慈禧太后曾下令重建，终因经费紧张而只修复了局部建筑。1980 年，政府拨巨款修复，基本恢复了原貌。

　　按佛经上的说法，佛祖居住在须弥山，四周为海，海中有南赡部洲、北俱芦洲、东胜神洲、西牛贺洲四大部洲，各部洲又有两个小洲。在四大部洲中间有象征世界中心的香岩宗印之阁，阁的东南、西南、西北、东北四角建有象征佛教"四智"的红、白、黑、绿四座喇嘛塔，阁后的两侧小山坡上分别建有象征日、月的台殿。

四大部洲的蓝本桑耶寺

桑耶寺是西藏的著名藏传佛教寺院，而颐和园的蓝本桑耶寺是仿照西藏桑耶寺而建的。蓝本桑耶寺坐南朝北，整体格局与桑耶寺一致，只是在比例上缩小了一些，两者方位正好相反。该寺作为清漪园时期的汉藏融合式寺院建筑，是乾隆在缓和民族矛盾方面的政治性见证，也是研究建筑文化的重要实物资料。

▲ 四大部洲的蓝本桑耶寺局部建筑

▲ 普宁寺的金漆木雕大佛

承德普宁寺

普宁寺位于河北承德避暑山庄东北部，始建于1755年，是中国北方最大的佛教场所，现为世界文化遗产。在北京颐和园内有一座须弥灵境，就是仿照普宁寺的形制和规模而建的，它们均为汉藏融合式佛寺建筑群。须弥灵境有正殿和配殿，中心建筑为香岩宗印之阁，阁周围是碉房式平顶建筑，其东南、西南两面各有一座碉房式平台，即日殿和月殿。它的四角还各有一座佛塔，造型和颜色各异，其中天洁塔代表"大圆镜智"，吉祥塔代表"平等性智"，地灵塔代表"成所作智"，皆莲塔代表"妙观察智"。加上印之阁代表的"法界体性智"，一阁和四塔共同构成了佛教密宗所说的"五智"。由此来看，须弥灵境蕴含着丰富的佛教文化。

瓦当

俗称瓦头，是中国古建筑的重要构件，是覆盖建筑檐头筒瓦前端的遮挡，可保护木制飞檐和美化屋面轮廓。

慈福牌楼

在万寿山后溪河上三孔石桥北端有一座木牌楼，即慈福牌楼。该牌楼为四柱三间七楼，整体看起来高大华美，上面还挂着两块匾额，北为"慈福"，南为"慧因"。现存牌楼是按原貌于 1985 年重建的，在它的南边东西两侧也各有一座规格一样的牌楼，其中东牌楼的两块匾额分别为"游林""莲界"，西牌楼的两块匾额分别为"梵天""宝地"。这三座牌楼共同组成了一个院落，即须弥灵境建筑群的山前部分。此外，这里松柏葱郁，环境优雅，非常适合观光游览。

▲ 慧因牌楼

▲ 慈福牌楼

▲ 松堂的松树

松堂

松堂位于颐和园后山，在颐和园后山著名景区四大部洲建筑群最北端，其东、西、北三面均建有一座三门四柱七楼的木牌楼。北面的牌楼是慈福牌楼。1860 年，英法联军焚毁松堂，现在看到的是 20 世纪 80 年代重修的。从松堂可以进入苏州街。

松堂看上去是一组宽大的院落，随着后山地形变化，松堂逐级上升，共分为三级。最上面一级是一个宽大平坦的广场，广场南面是四大部洲的红墙，东西两面都围有松堂红墙。红墙外都是高大的树木，从上往下走，在上一级的北面是中间一级，这是个过渡级，种了一些松柏和花草；最下面一级是绝好的休闲之地，里面有规则地种植着许多高大的松树和柏树，还安放了一些石桌和石椅。

▲ 俯瞰四大部洲

须弥灵境

　　整个须弥灵境建筑群坐南朝北，平面形状略呈"丁"字形，是一组汉藏融合的台式建筑群。北部为汉式，南部为藏式，由北向南依次升高，总长约 500 米。汉式殿堂部分因受地形的限制，省去了山门、钟鼓楼、天王殿，只留下正殿和配殿。第一层为三个牌楼围成的一个广场；第二层平台为两座面阔

▲ 俯瞰须弥灵境

五间的二层配殿，宝华楼和法藏楼正殿在第三层台地上，面阔九间，重檐歇山顶，殿内供奉几十尊佛教诸神。在须弥灵境南面的金刚墙上就是藏式建筑部分，藏式建筑仿照西藏的桑耶寺而建，以香岩宗印之阁为中心，四周围绕西藏碉堡式建筑和喇嘛塔，这些建筑沿着陡峭的山体交错排列。

石经幢

　　石经幢位于颐和园须弥灵境遗址处，最早为清漪园时期大报恩延寿寺的遗物，光绪年间重修建颐和园时才移到现址。此外，这里还摆放着一对石狮子，也是清漪园时期大报恩延寿寺的遗物。两座石经幢是颐和园早期历史的见证，饱含着历史沧桑，令人不禁产生无限感慨。

▲ 石经幢

滴水是指覆盖建筑檐头板瓦前端的遮挡，呈下垂状，也是中国古建筑的重要构件，兼具装饰和实用功能。

香岩宗印之阁

香岩宗印之阁又名后大庙,始建于乾隆年间,1860年被焚毁,原是一座三层藏式三摩耶式的喇嘛教寺庙,光绪年间改建为一层佛殿,供奉三世佛和十八罗汉。园内有一只石麒麟,前爪挺立,后爪伏地,威风凛凛,为圆明园遗物。

香岩宗印之阁象征着印度神话中的须弥山,在佛教传说中是世界的中心,其北面是南赡部洲,南面最高处

▲ 香岩宗印之阁

的歇山顶白墙建筑是北俱芦洲。日殿和月殿的外面就是造型近似的西牛贺洲和东胜神洲,西牛贺洲在东面,东胜神洲在西面,犹如北俱芦洲在南,南赡部洲在北。

▲ 释迦牟尼佛

▲ 阿弥陀佛

▲ 药师佛

南赡部洲

在佛教中，南赡部洲位于须弥山南方，形如长方形。颐和园中的南赡部洲地处万寿山后山，是仿西藏桑耶寺而建的藏式喇嘛庙建筑群中的一处。该建筑景观色彩鲜明、气势宏伟，极具观赏和研究价值。

▲ 南赡部洲

▲ 北俱芦洲背面

▲ 北俱芦洲

北俱芦洲

北俱芦洲在佛国中形状为正方形，位于须弥山北的咸海中，周围环绕着七金山、大铁围山。颐和园四大部洲虽然是仿西藏桑耶寺而建，然而由于万寿山山顶为南向、山脚为北向，所以为了保持"上北下南，左西右东"的桑耶寺风格，故将北俱芦洲建在了象征"北向"坐标的最高处。因此，颐和园四大部洲与桑耶寺四大部洲方位正好相反，北俱芦洲即在其列。佛教中说，北俱芦洲的土地具有"四德"，即平等、寂静、净洁和无刺。

骑凤仙人

这是中国古建筑的重要构件，多放在垂脊最前面，除装饰外，还起到固定垂脊下端第一块瓦件的作用。

西牛贺洲

西牛贺洲在佛国中外形似圆月，位于须弥山和咸海西边，以多牛、多羊、多珠玉为殊胜"三事"。颐和园西牛贺洲建筑大部分为红色，其余配以白色，看起来充满了浓郁的藏式风格，也凸显出了皇家建筑的恢宏气势。红、白色墙面装扮着万寿山北坡，使颐和园显得更加高贵和典雅。

▲ 西牛贺洲之一

▲ 西牛贺洲之二

东胜神洲

据佛教《长阿含经》里说，东胜神洲地形为圆形，位于须弥山东方的咸海中，其殊胜"三事"为土地极广、极大、极妙。颐和园四大部洲之东胜神洲依山而建，风格独具特色，建筑样式同样融汉藏两地特点于一身。对于善男信女来说，这里是朝圣的佳地；对于普通游客来说，这里是访古寻幽的理想之地。

▲ 东胜神洲之一

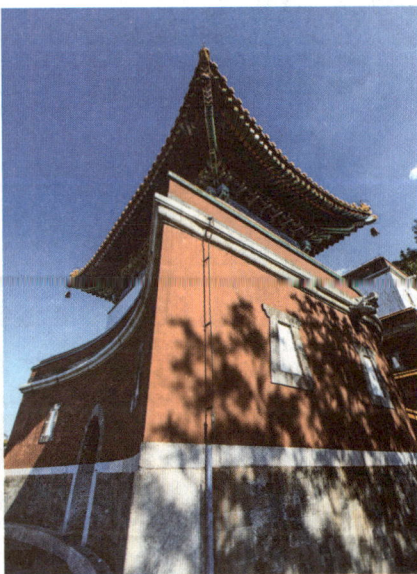

▲ 东胜神洲之二

八小部洲

　　在佛教传说中，八小部洲和四大部洲一样也是地理名词，它们分别为提诃洲、毗提诃洲、上仪洲、舍谛洲、拉婆洲、矩拉婆洲、遮末罗洲、筏罗遮末罗洲。八小部洲又称八中洲，位于四大部洲周围，其中东胜神洲附近是提诃洲和毗提诃洲；西牛贺洲附近是舍谛洲和上仪洲；南赡部洲附近是遮末罗洲和筏罗遮末罗洲；北俱芦洲附近是矩拉婆洲和拉婆洲。颐和园八小部洲就是按照佛国传说中的方位而建的，即四大部洲的每一洲旁分建两个小部洲。作为佛教宇宙观的现实形象反映，八小部洲除了代表佛学宇宙观外，也是宗教建筑的典范，非常适合观赏和考察。

▲ 八小部洲局部

日殿和月殿

　　日殿和月殿地处四大部洲之北俱芦洲下面，分别位于一东一西的两座小山上，建筑景观寓意为太阳和月亮。日殿和月殿之所以建在香岩宗印之阁的中轴线两侧，是用来象征佛教中的宇宙中心——须弥山——有日月围绕。此外，日殿和月殿的造型和四大部洲相似，再加上四大部洲东西方位颠倒，可能会给游人带来困惑，所以游览时需要注意。

▲ 日殿

▲ 月殿

四色经塔

在四大部洲的四个角落分别伫立着四座经塔，即黑、白、红、绿四色宝塔。四色塔造型相似，看起来别致、端庄、美观，但塔身颜色各不相同，代表着佛之"四智"。其中，黑塔为"平等性智"，白塔为"大圆境智"，红塔为"妙观察智"，绿塔为"成所作智"。四座宝塔也都是藏式建筑风格，但塔基围墙以琉璃瓦铺成。红塔开有一门，可供游人穿行。此外，四座塔东侧还有花承阁遗址，其造型优美、色彩鲜艳，也很值得一看。

▲ 黑塔　　　　　▲ 白塔　　　　　▲ 绿塔　　　　　▲ 红塔

佛教中的宇宙观

佛教中的宇宙观主要包括空间观和时间观。佛教空间观是指大千世界，在佛国传说中以须弥山为宇宙的中心，周围有四大部洲和九山八海，是十法界中人道众生居住之所。其中，以四大部洲和九山八海为一个小千世界，1000个小千世界就组成中千世界，而1000个中千世界就组成大千世界。所以，大千世界包括小、中、大三种千世界，即所谓三千大千世界。而三千世界就是一佛所教化之领域，即一佛国。佛教时间观是指"劫"，分为大、中、小三种，其中一小劫为1680万年，一中劫是20个小劫，一大劫是20个中劫。每一劫中都各有千佛，其中过去、现在、未来的住劫分别为庄严劫、贤劫（释迦牟尼佛、弥勒佛）、星宿劫。

▲ 四大部洲一角

苏州街

苏州街又名买卖街，位于万寿山后山后溪河两岸，是乾隆皇帝为了取悦后宫妃嫔而命人仿照江南水乡集市而建的。全街长300多米，共有60余座店铺和200多家店面，茶楼、酒楼、钱庄、药店、当铺、印书局等应有尽有，但这里的店

▲ 苏州街

铺却并非真正的店铺，其店员、游客都是宫中的太监、宫女装扮的，只有在帝、后驾临时才开始有模有样地进行买卖活动。1860年英法联军火烧清漪园，苏州街同样未能幸免。此后，苏州街一直荒废着，直到1990年才恢复其原貌，重现昔日的繁荣。

买卖街也称为宫市，是清代皇家园林中模仿民间市井生活的街市，有的也叫"铺面房"。康雍乾时期，京城名园并起，园内也多有买卖街，其中尤以圆明园的同乐园买卖街和清漪园的后溪河买卖街最具代表性。

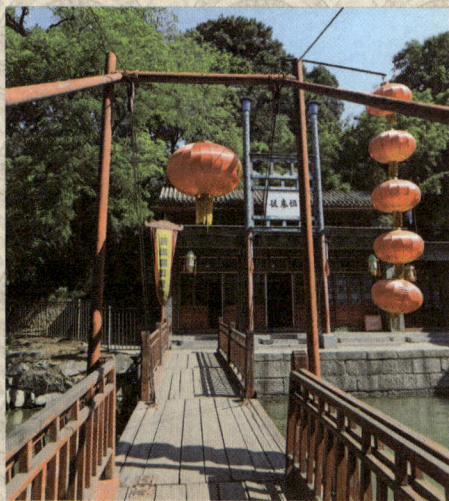

苏州街的蓝本七里山塘

七里山塘即山塘街，位于江苏苏州，始建于唐宝历年间，被誉为"姑苏第一名街"。当年，乾隆下江南时来过山塘街，相当喜欢这个地方，还题了"山塘寻胜"四个大字。乾隆回京后，命人在颐和园仿照苏州山塘街修建了蓝本七里山塘。颐和园山塘街与皇家园林的尊贵、优雅、恢宏融为一体，颇有一番趣味。

◀ 苏州街木桥

三孔石桥

颐和园拥有30多座各种各样的古典桥梁，而且形态各异，风韵万千，堪称是中国古典桥梁的"大观园"。其中，三孔石桥横跨于万寿山北面的后溪河上，北接北宫门，南接松堂牌坊，规模仅次于十七孔桥，为颐和园第二大桥。三孔石桥造型高大、伟岸，状若长虹卧波，给人以非常美妙的审美意趣。

▲ 三孔石桥

▲ 寅辉城关

寅辉城关

万寿山后湖景区拥有众多的景点，如寅辉城关、眺远斋、妙觉寺、苏州街等。其中，寅辉城关是苏州街的陆上关口，也是颐和园内六大城关之一，始建于清乾隆年间，东西两边石额分别为"寅辉""挹爽"。眺远斋俗称"看会楼"，建于光绪年间，视野开阔，是当年专为慈禧太后观看庙会而建的。妙觉寺是颐和园中最小的寺庙，建于乾隆年间。

绘芳堂

绘芳堂茶馆坐落于颐和园苏州街官市，建于1991年，主要经营茶水、糕点等风味小吃。这座建筑景观为仿古形式，看起来古香古色，令人赏心悦目。此外，绘芳堂东侧山坡上还有一座建于同一时期的八角亭，它是八角单檐攒尖顶风格建筑，也是游客观看买卖街的佳处。

嘉荫轩

嘉荫轩与绘芳堂隔岸相对，因位于两棵古槐的绿荫之间而得名，建于清乾隆年间，1860年被英法联军烧毁，1989年重建，现为茶社。正房坐北朝南，面阔三间；东西各有耳房一间。前方左侧有一四柱小亭，右侧有一月亮门，轩外有一垂花门。通过月亮门，游客可进入西院，里面就是摆放茶座的敞轩，可以在此品茗。

▲ 嘉荫轩

金粟山

金粟山位于绘芳堂西侧，是颐和园早期的苏州街景观建筑，名字由乾隆皇帝取自"金粟如来"（维摩诘大士）

▲ 嘉荫轩茶馆

这一佛教典故。原建筑于1860年毁坏，现存建筑为1987年在原址上重建的。金粟山殿坐北朝南，为歇山顶式建筑形式，其周围有游廊、四方亭等建筑景观。其中，四方亭为重檐四脊攒尖方宝顶形式。

苏州街帽铺幌

北宫门

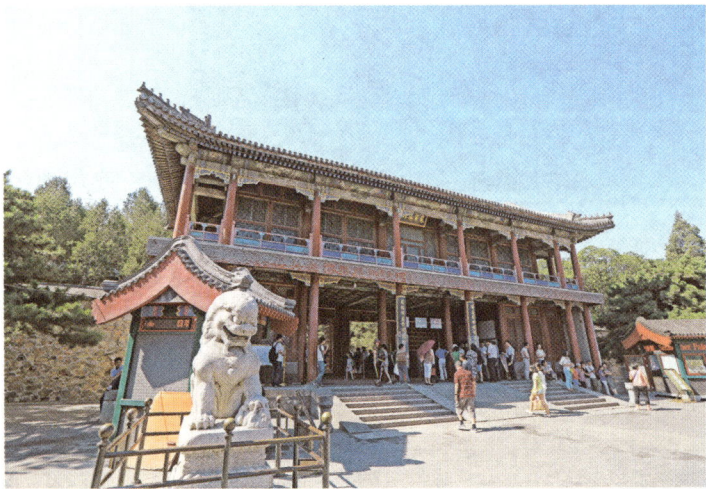

▲ 北宫门

北宫门是颐和园主要宫门之一，位于苏州街以北的山石之后。北宫门坐南朝北，面阔七间，上下两层，屋顶为歇山顶。此门二层北面匾额为"风策扬辉"，南面匾额为"兰馨菊秀"。一层北面有一副楹联："雄扇开时娲簧喜奏齐天乐，凤韶谱处舜琯偕陈益地图。"乾隆皇帝曾在北宫门城楼上检阅八旗军队。

北宫门大影壁

北宫门大影壁是清漪园时期的石刻，1947年挪在正对北宫门的位置。据《颐和园志》载，乾隆年间三孔石桥以北原有一座小土山，山前地形开阔，乾隆皇帝曾在此检阅过八旗军队的军事演练。大影壁坐北朝南，总建筑面积51.48米，高1.15米，红色墙心，为歇山顶风格，底下有青石须弥座。

▲ "兰馨菊秀"匾额

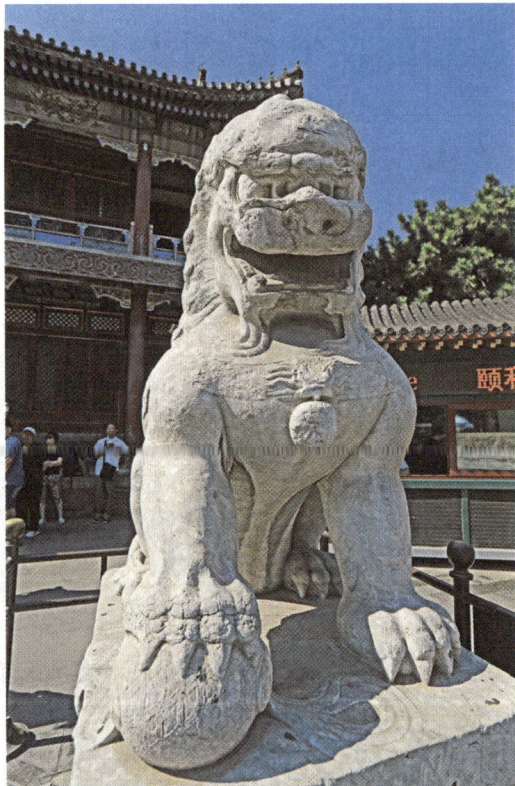

北宫门前石狮 ▶

谐趣园

谐趣园位于颐和园东北角，始建于乾隆十六年（1751 年），因仿无锡惠山的寄畅园而取名惠山园。1811 年，嘉庆皇帝重修时取乾隆御制《惠山园八景诗序》中"以物外之静趣，谐寸田之中

▲ 谐趣园一角

和"的意境而改名为谐趣园，另新建涵远堂为园内主体建筑。1860 年被英法联军烧毁，1892 年依嘉庆年间的原样重建。

谐趣园面积不大，但布局紧凑，三步一回，五步一折，具有浓厚的江南水乡色彩，体现了"移天缩地在君怀"的造园理念。此园小巧玲珑、自成一景，因而被称为"园中之园"，是我国最负盛名的园中园。

▲ 谐趣园宫门

谐趣园瓶形洞门

中国园林的园墙常设洞门，常见的是圆洞门，不仅可起到装饰作用，还可引导游览、沟通空间。

谐趣园蓝本寄畅园

寄畅园位于江苏无锡市惠山横街，康熙、乾隆当年下江南时均曾在此住宿，而且每次都要题额、题诗留念，比如康熙的"山色溪光"题字和乾隆的"玉戛金枞"题字。后来，乾隆以无锡惠山为蓝本改造了整个颐和园玉泉山，使其成为寄畅园建筑群落。该建筑群造型优美、装饰精致，很值得欣赏。

谐趣园的亭子 ▶

▲ 谐趣园游廊

▲ 瞩新楼

谐趣园之"八趣"

时趣：春夏秋冬皆有景，各具特色。

声趣：也称水趣。玉琴峡的水穿石而过，叮咚如琴鸣。

桥趣：园中七八座桥风格各异。知鱼桥的桥名取自《秋水·濠上》中庄子和惠子辩论的故事。

书趣：园中书法墨宝随处可见，如《寻诗径》碑、墨妙轩石刻。

楼趣：园内西部的瞩新楼从外面看一层，从园内看二层，高低不同而效果迥异。

画趣：园内游廊上的苏式彩绘可与长廊媲美。

廊趣：园内亭、堂、楼、榭由曲廊相连，三步一回，五步一折，与长廊相比另有情趣。

仿趣：仿照无锡秦家的寄畅园建造，在皇家园林中出现私家园林风格而独显其静雅清幽。

知鱼桥

　　知鱼桥位于谐趣园水面的东南角，建于乾隆年间，是园中重要的景点之一。此桥长26米，宽2.2米，呈细长笔直形状。桥下有六个方形石砌桥墩，桥面用条石板铺成。知鱼桥的北端是一座单檐汉白玉石牌坊，横梁上刻"知鱼桥"三字，两边立柱上刻有一副对联，均为乾隆御笔。

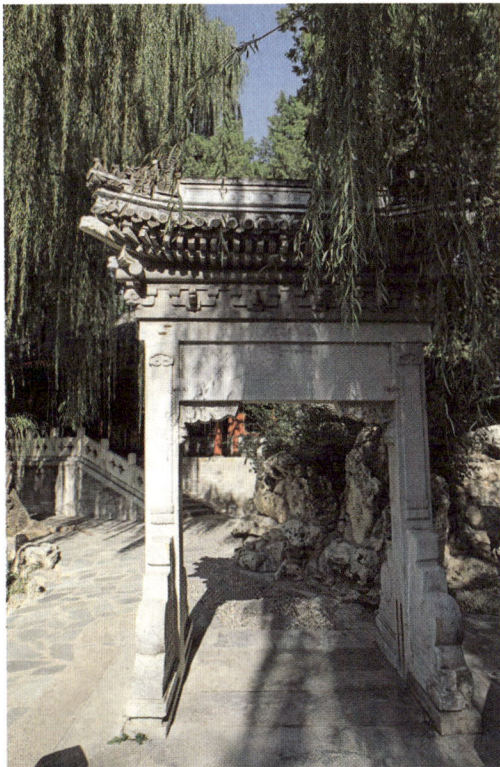

知鱼之乐

　　知鱼桥的名字来自于一个中国古代寓言故事。一次庄子和惠子在水边观鱼。庄子说："这些鱼多么快乐呀！"惠子反驳道："你不是鱼，你怎么知道鱼快乐？"庄子反问："你不是我，你怎么知道我不知道鱼的快乐？"

▲ 知鱼桥石牌坊

涵远堂

　　涵远堂是谐趣园的正殿，四周有廊，建于光绪年间，是为慈禧游园时休息而增建的。涵远堂前门额上有"涵远堂"匾额，两侧有楹联："西岭烟霞生袖底，东洲云海落樽前。"2010年9月11日，经过400多天的修缮，谐趣园再次对游客开放。从未对外开放过的涵远堂也首次作为陈展室向公众开放。

▲ 涵远堂

桃形什锦窗

　　什锦窗是我国古典园林中常用的装修形式，其式样和图案变化多端、丰富多彩，有四方、五方、桃、柿、扇、壶等各种形状。下图为谐趣园的桃形什锦窗，形式活泼，具有较强的装饰功能。

知春堂

知春堂位于谐趣园的东部，面阔五间，两侧有廊。清漪园时期，知春堂名为"载时堂"，是仿照无锡寄畅园的嘉树堂而建，为园中主建筑之一。2010年经过大修的谐趣园正式对外开放，知春堂作为清代帝王处理朝政和接见大臣的场所恢复成原状，作为陈列展室而尽显其魅力。

▲ 知春堂

▲ 兰亭

兰亭

颐和园兰亭是仿照浙江绍兴的兰亭而建，位于谐趣园内池塘北岸以东，两侧有曲廊相连。亭内有一座石碑，刻有乾隆御制诗《寻诗径》："岩壑有奇趣，烟云无尽藏。石栏遮曲径，春水漾方塘。新会忽于此，幽寻每异常。自然成迴句，底用锦为囊。"这首诗淋漓尽致地描写了兰亭带给游人的美妙感受。

湛清轩

湛清轩为三开间敞厅，位于颐和园澄心堂东北的小岛上，1900年曾毁于战乱。在"中国第一啤酒厂"——双合盛老板私家宅院中的"翠潋"（嘉庆皇帝御题）原是绮春园北部的水城关刻石。湛清轩建筑古朴，洋溢着优雅的园林意境，给人以极其舒心的审美享受。

▲ 湛清轩

花承阁建筑群

▲ 花承阁遗址

花承阁建于乾隆十九年（1754年），咸丰十年（1860年）被英法联军损毁。这是一组庭院和佛寺混合的建筑群，原由莲座盘云佛殿、多宝琉璃塔、花承阁及六兼斋组成。1860年英法联军入侵北京，多数建筑被毁，仅残存殿址、砖墙、石雕、假山等。由于多宝琉璃塔和石碑为砖石结构，故得以保存至今。

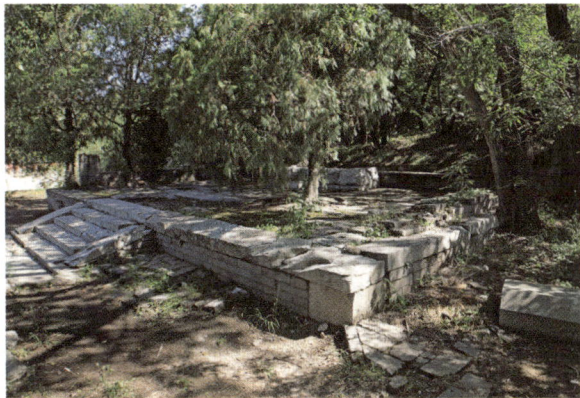

多宝琉璃塔

多宝琉璃塔建于乾隆十六年（1751年），是乾隆皇帝为庆祝母亲六十寿辰而下令修建的。整座塔由黄、绿、青、蓝、紫五色琉璃砖镶嵌而成。塔身坐南向北，在塔的四周砌有红色围墙，门口有一座木结构琉璃瓦顶的牌坊。多宝琉璃塔整体造型优美，各层之间的比例匀称，尤其是塔身上镶嵌的五色琉璃砖使塔身呈现出丰富的色彩。在阳光的照射下，镶金塔刹和琉璃塔身光彩夺目，微风中檐下的悬铃叮当悦耳。整座塔在周围苍松翠柏的掩映中更显得雍容华贵、高大挺拔。

多宝琉璃塔是北京现存的琉璃塔中造型最优美、颜色最丰富的，是清代琉璃塔中的精品，具有极高的观赏价值。

澹宁堂

澹宁堂的名字来自诸葛亮的《诫子书》："非澹泊无以明志，非宁静无以致远。"乾隆小时候非常受康熙的宠爱，康熙曾将畅春园内的澹宁居赐给乾隆做书房。乾隆即位后，感于祖父昔日的教诲和宠爱，于乾隆十九年（1754年）下令在万寿山后山仿澹宁居而建澹宁堂。1860年，英法联军烧毁了爷爷赐给孙子的澹宁居，也毁了孙子纪念爷爷的澹宁堂。1996年重建澹宁堂，现室内设有文物展，其中最著名的是明清时期的家具展。

▲ 澹宁堂澹宁门

霁清轩

霁清轩在颐和园内东北隅，自成一园，又与谐趣园相连。

霁清轩建在巨大岩石上，岩下有个山涧，建小殿扼其源头，名清琴峡。其余亭堂皆借山势，并以爬山廊圈廊一气，布局更显紧凑，是清乾隆年间小型造园的上乘之作。

霁清轩的地位已接近园中后围墙，建筑构造极其别致，小院落的主要部分是一座四面明窗当风的轩、一株盘旋而上的老松树、一个孤立的亭子，以及横贯院中的一道小溪流。有人到过谐趣园许多次还不知道面前霁清轩的位置，可见这个建筑的布置有独特之处。由谐趣园宫门向上走，不多远还有个乐家轩，虽只是一列平房，但房子前花木却长得极好，杏花、丁香、梨花都开得很好。

赅春园（清可轩）遗址

赅春园又称清可轩，是清漪园后山的一座园中之园。该园建于乾隆二十三年（1758年），作为乾隆书斋。这里景色绮丽、构思奇巧，深受乾隆喜爱。1860年英法联军入侵北京时，该园被大火焚毁。慈禧修建颐和园时没能将其恢复。

▲ 赅春园遗址

目前还基本保留着各建筑基址和围墙，仅修复了园门，里面陈列着帝王画像及相关史料，也有一些建筑残件及赅春园复原模型。

绮望轩遗址

绮望轩遗址位于万寿山的后山中御路西北，地处后溪河南岸，可谓依山傍水，环境优雅，景色秀美。绮望轩建筑群是一处独立园林，三面环山，一面临水，建筑景观包括码头、轩、楼、斋各一处和亭四座。可惜的是，该建筑群于1860年被焚毁，现存地基、码头、乾隆御书石刻对联、假山石等。绮望轩是当初的主体建筑，风格精巧别致，如今却荡然无存，不得不令人发思古之幽情。

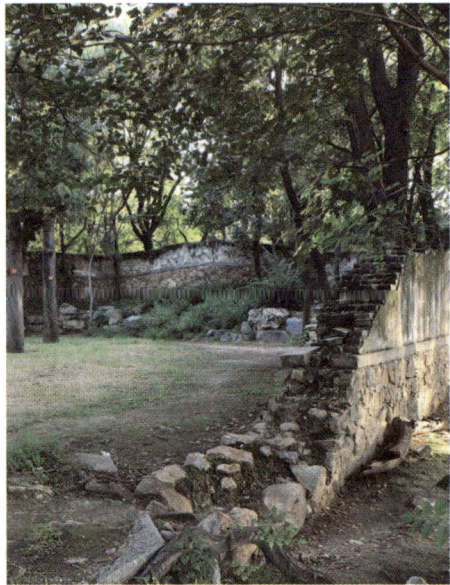
▲ 绮望轩遗址

云会寺遗址

　　云会寺位于四大部洲西面的山坡上,建于乾隆年间,1860 年被毁,20 世纪 80 年代重建。该寺依山而建,包括一座大殿和两座六角配亭,周围是红墙绿瓦,显得幽静典雅。其中,大殿分为正殿和东配殿、院墙、假山等。正殿坐南朝北,为重檐歇山顶,装饰有大点金彩画。殿外两侧还各建有一座六角形小佛殿。

善现寺遗址

　　善现寺与云会寺相对而建,位于四大部洲东部,也建于乾隆年间,1860 年被毁,现存山门和东配楼。山

▲ 云会寺遗址

门为单檐歇山式,门洞口为汉白玉拱券门。东配楼坐东朝西,面阔三间,为歇山式建筑形式,顶覆绿色琉璃瓦,装饰有小点金彩画,看起来十分庄严、隆重。

眺远斋（看庙会）

　　眺远斋位于后河东部,坐北朝南,建于乾隆年间,重建于光绪十七年（1891 年）,是一座单体建筑。此斋面阔五间,前后穿堂,四周出廊,为歇山式风格。斋前除了匾额外还有一副楹联:"绛阙珠宫三千世界,春城夏国五百光阴。"当年,这里是慈禧太后观赏庙会的地方,每年农历四月初八园外大有庄会举办民间庙会。

▲ 善现寺遗址

▲ 眺远斋

六角配亭

亭是一种汉族传统建筑,源于周代。许多园林都设亭,起到画龙点睛的作用。亭一般为开敞性结构,顶部可分为六角、八角、圆形等多种形状。

▲ 长廊彩画：玉堂春

▲ 长廊彩画：江妃二女

▲ 长廊彩画：鱼郎问津

昆明湖区

　　昆明湖区主要由东堤景区、西堤景区和湖中三岛景区构成。东堤地区视野开阔，是观赏颐和园美景的好去处，主要景点有知春亭、文昌阁、南湖岛、十七孔桥、铜牛。西堤系仿杭州苏堤而建，其上六桥点缀南北，景明楼仿岳阳楼而建，登楼可远望。

西堤

西堤是仿西湖东堤而建，堤上遍植绿柳。乾隆皇帝曾有诗曰："面水背山地，明湖仿浙西。琳琅三竺宇，花柳六桥堤。"仿照苏堤六桥，西堤也建有界湖桥、豳风桥、玉带桥、镜桥、练桥和柳桥等造型各异的六桥。每到阳春三月，柳树吐芽，桃花盛开，此时的西堤就像是被镶嵌上了彩色的宝石，在阳光的照射下熠熠生辉，漫步堤上好不惬意。

▲ 西堤荷花

▲ 界湖桥

界湖桥

界湖桥位于西堤的最北端，是西堤六桥中自北向南的第一座桥。此桥始建于乾隆年间，因处于内外湖的分界处而得名。

清漪园时期，此桥名为"柳桥"，桥上原有木制桥亭，1860年毁于英法联军的侵华战火之中。光绪年间重修颐和园时未修复此桥亭，将此桥改名为"界湖桥"。

豳风桥

豳风桥原名桑苎桥，位于界湖桥南，是西堤六桥中北起第二座桥。桥上有木质桥亭，面阔三间，高3.18米，上绘有苏式彩画。1860年此桥毁于战火，光绪年间重建，为避咸丰帝奕詝名讳，改名为"豳风桥"，其名来自《诗经》中反映人们农业生活的《豳风》，以此为桥名主要是为了表现帝王对农业的重视。桥的西部曾建有耕织图、蚕神庙、织染局、络丝房、水村居等田园村舍，颇具江南特色，展现了江南水乡的灵动与风韵。

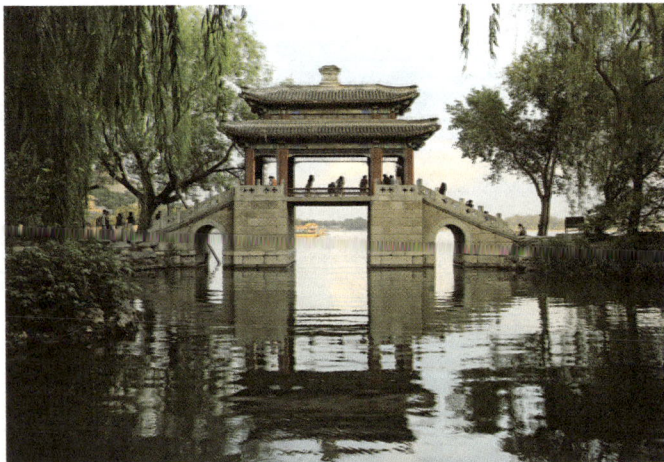
▲ 豳风桥

《诗经·国风·豳风·七月》

　　七月流火，九月授衣。一之日觱发，二之日栗烈。无衣无褐，何以卒岁？三之日于耜，四之日举趾。同我妇子，馌彼南亩，田畯至喜。

　　七月流火，九月授衣。春日载阳，有鸣仓庚。女执懿筐，遵彼微行，爰求柔桑。春日迟迟，采蘩祁祁。女心伤悲，殆及公子同归。

▲ 西堤游船

　　七月流火，八月萑苇。蚕月条桑，取彼斧斨，以伐远扬，猗彼女桑。七月鸣鵙，八月载绩，载玄载黄，我朱孔阳，为公子裳。

　　四月秀葽，五月鸣蜩。八月其获，十月陨蘀。一之日于貉，取彼狐狸，为公子裘。二之日其同，载缵武功，言私其豵，献豜于公。

　　五月斯螽动股，六月莎鸡振羽。七月在野，八月在宇，九月在户，十月蟋蟀入我床下。穹窒熏鼠，塞向墐户。嗟我妇子，曰为改岁，入此室处。

　　六月食郁及薁，七月亨葵及菽。八月剥枣，十月获稻。为此春酒，以介眉寿。七月食瓜，八月断壶，九月叔苴。采荼薪樗，食我农夫。

　　九月筑场圃，十月纳禾稼。黍稷重穋，禾麻菽麦。嗟我农夫，我稼既同，上入执宫功：昼尔于茅，宵尔索绹。亟其乘屋，其始播百谷。

　　二之日凿冰冲冲，三之日纳于凌阴，四之日其蚤，献羔祭韭。九月肃霜，十月涤场。朋酒斯飨，曰杀羔羊。跻彼公堂，称彼兕觥，万寿无疆！

▲ 西堤垂钓

　　《豳风·七月》是《诗经·国风》中最长的一首诗，也是我国最早的田园诗。全诗从七月开始写起，讲述了一个叫豳的部落一年四季的劳动生活，涉及了春耕、秋收、冬藏、采桑、染绩、缝衣等农事活动，展现了当时的风俗民情。此外，该诗又将农夫辛勤劳作为公家提供生活所需的关系表现得淋漓尽致，进一步阐述了农业的地位。豳风桥的名字表现了帝王对农业的重视。

汉白玉望柱

中国古代用汉白玉石料制作重要建筑中的石阶和护栏，所谓"玉砌朱栏"，华丽如玉，故名。下图为玉带桥上汉白玉望柱。

玉带桥

　　玉带桥是西堤六桥中最负盛名的石桥，建于乾隆年间，是当年乾隆皇帝从昆明湖乘船去玉泉山的通道。桥身由青白石和汉白玉石雕砌而成，高约8.7米，拱高而薄，呈曲线形，宛如玉带，故得此名。玉带桥单侧有38级台阶，东面正中有"玉带桥"三字，东西两侧均有乾隆御笔对联，东侧为"螺黛一痕平铺明月镜，虹光百尺横映水晶帘"，西侧是"地到瀛洲星河天上近，景分蓬岛宫阙水边多"。在桥栏望柱上雕有各式在云中飞翔的仙鹤，形象栩栩如生，表现了雕刻工匠的高超技艺。

▲ 玉带桥

玉带桥的来历

　　玉带桥位于颐和园昆明湖长堤上，是西堤六桥中唯一的拱券结构的石桥。此桥弧线流畅，形若玉带，特别是桥洞在水中的倒影看起来十分动人。因此，它也是西堤六桥中最壮丽的。

　　传说，当年清漪园建成之后，乾隆很喜欢这里的景色，于是经常来此游玩赏景。一天晚上，乾隆突然来了兴致，打算夜游昆明湖，并让和珅与纪晓岚陪同前往。

　　乾隆一行乘坐画舫来到了昆明湖，泛舟湖上……此夜乃十五月圆之夜，一轮圆圆的月亮挂在中天，月色溶溶；湖面上波光荡漾，微风习习；两岸青山绿树，轮廓清晰……观赏着如此柔美的湖光山色，乾隆顿觉神清气爽，容光焕发。

　　就在乾隆陶醉于欣赏夜景之际，和珅建议说，良辰美景之夜，正好举杯邀月。乾隆兴趣盎然，很快传令太监拿来了美酒。于是，三人开怀畅饮起来。

　　坐着游船，喝着酒，聊着天，转眼工夫，他们已经绕着南湖岛转了一圈，此时正要向西堤驶去。

　　三杯酒下肚后，乾隆已微微有些醉意。然而，纪晓岚、和珅二人一边继续劝酒，一边说着阿谀奉迎、溜须拍马的话，把乾隆整得有点迷迷糊糊了。这时，乾隆开口问和珅，世上有没有天女下凡之事？和珅说，那只是文人杜撰而已。不料，纪晓岚反驳说，肯定是先有天女下凡，然后才有文人演绎。纪晓岚之所以这样说，是因为他已看出乾隆此时醉意迷离，并且深知乾隆风流成性，对美女情有独钟，因而想投其所好。果不其然，乾隆追问，能不能遇到仙女？纪晓岚说，一方面皇帝乃真命天子，不比凡人，另一方面心诚则灵。乾隆听后点点头，美得不得了。

　　游船仍在行进，乾隆在对仙女的幻想中不知不觉睡着了。在梦中，他果真看见了一个挥舞长袖、腰缠玉带的仙女，她正在昆明湖边漫步……当他刚想着上前搭讪时，仙女因为受惊而解下身上玉带，玉带化为石桥，最后她走上石桥消失不见了。美梦就在此时结束了，乾隆甚为遗憾。

　　为了寻访那位梦中的仙女，乾隆下令在昆明湖西堤修建了一座石拱桥。桥建成后，他经常来此观光，妄想再次遇到那位梦中仙女。然而，风流好色的乾隆终究美梦落空了，只有"仙女桥"依旧像一条玉带那样飘在湖面上……

镜桥

镜桥位于玉带桥南侧，始建于乾隆年间，光绪时重建。桥名出自唐代诗人李白的诗句"两水夹明镜，双桥落彩虹"。镜桥为一平两坡式，单侧有 19 级台阶，桥下有一方形桥洞，桥上有八方重檐桥亭，高 3.2 米，桥亭为攒尖式元宝顶，藻井天花，亭上绘有苏式彩画，亭内可供游人赏景或小憩。

▲ 镜桥

练桥

练桥始建于乾隆年间，为西堤六桥中北起第五座桥，位于镜桥的南边。练桥的名字出自南朝诗人谢朓《晚登三山远望京邑》中的诗句"余霞散成绮，澄江静如练"。古人通常把白色的丝绢称为练，而这座桥就像丝绸一样架在水面上，故而得名。

练桥上有桥亭，原建筑于咸丰十

▲ 练桥

年（1860 年）被毁，如今的重檐攒尖式桥亭是光绪年间重建的，高 4.02 米，亭上绘有苏式彩画。

柳桥

柳桥位于西堤南端，是西堤六桥中最南端的一座桥。清漪园时期，此桥名为"界湖桥"，光绪年间重修此桥时改名为"柳桥"，其名取自杜甫的诗句"柳桥晴有絮"。

柳桥桥身较高，下有四圆一方共五个桥洞，上有一座重檐歇山顶式桥亭。桥亭高 3.78 米，明造天花，绘有苏式彩画。

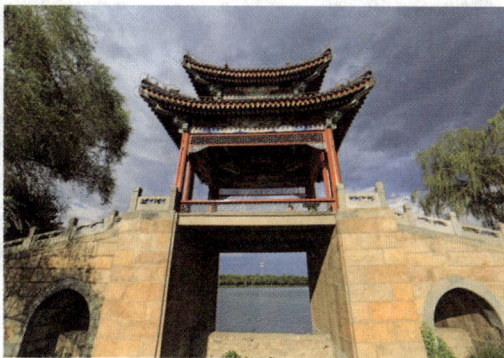
▲ 柳桥

玉峰塔

玉峰塔位于玉泉山主峰上的香积寺内。塔顶距地面150米，是北京地理位置最高的塔。从颐和园西堤可见该塔在昆明湖中的倒影。

景明楼

景明楼位于练桥和柳桥之间，始建于乾隆年间。楼名取自出宋代范仲淹《岳阳楼记》中的"春和景明，波澜不惊，上下天光，一碧万顷"。

景明楼的建筑形式仿自元代赵子昂的《荷亭纳凉图》，为四面抱厦，共有正楼三间、配楼二座，各面阔三间，穿堂殿五间，抱厦殿五间，净房二间，方亭二座，游廊 66 间。咸

▲ 景明楼

丰十年（1860 年），英法联军将此楼毁坏。1991 年重建了主楼一座、南北配楼各一座，其余的未重建。三座楼均为二层，上下层均为面阔三间，进深一间。主楼下层四面出厦，庑殿歇山顶，配楼棚歇山顶。

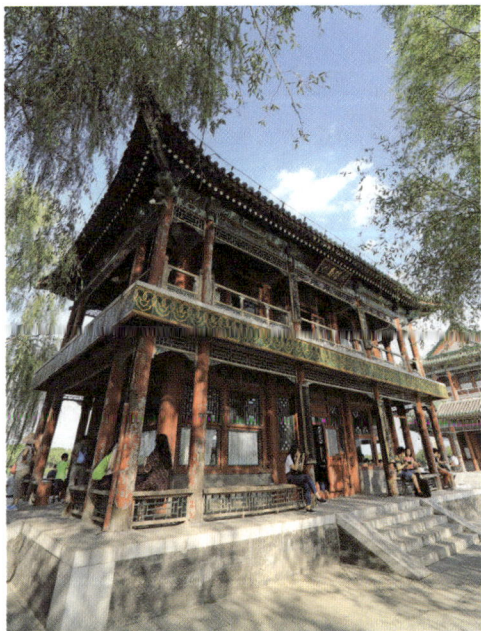

▲ 景明楼北配楼

▲ 景明楼南配楼

景明楼原型——岳阳楼

　　岳阳楼位于湖南岳阳市，始建于三国东吴时期，是江南三大名楼之一，自古就有"洞庭天下水，岳阳天下楼"的美誉。宋庆历五年（1045年），滕子京修楼、范仲淹作记，从此《岳阳楼记》便成为岳阳楼的灵魂，成为勤政爱民、心忧天下的政治象征而流传千古。

　　岳阳楼几经兴废，现存建筑系清代光绪六年（1880年）所建。主楼高19.42米，进深14.54米，宽17.42米，为三层、四柱、飞檐、盔顶、纯木结构。楼中四根楠木金柱直贯楼顶，周围绕以廊、枋、椽、檩互相榫合，结为整体。楼顶承托在如意斗拱上，玲珑剔透，状如蜂窝。腰檐设有平座，通过斗拱承托出檐，重檐与楼顶均覆盖黄色琉璃筒瓦，藻井琐窗，雕梁画栋。

　　乾隆在《景明楼赏荷》里就有"名称借得范家记，景概移来赵氏图"的解释。"范家记"指的是范仲淹所写的《岳阳楼记》，"赵氏图"是指元人赵子昂所画《荷亭纳凉图》。虽然赵子昂的《荷亭纳凉图》已经不存在了，但是景明楼的"景名"二字在《岳阳楼记》中依旧可寻找到。由此可见，景明楼原型为岳阳楼，并不是指外观建筑形态上的借鉴，而是汲取了岳阳楼"先天下之忧而忧，后天下之乐而乐"的灵魂。乾隆在此修建景明楼就是为了警醒自己要勤政爱民。

景明楼匾额：
静影沉璧

景明楼匾额：
水天一色

▲ 景明楼主楼

▲ 凤凰墩

凤凰墩

凤凰墩位于昆明湖南边的一座小岛上，是仿无锡黄埠墩而筑的。据说乾隆有一次和母亲一起下江南时，经过无锡黄埠墩，皇太后突然生病，经过寺中方丈的治疗，皇太后身体康复。回到京城后，乾隆命人在昆明湖中修建黄埠墩，并在其上建一座两层高的会波楼，楼顶筑一只长约3米的铜凤凰，可随风旋转，从而辨知风向及风力，因而此楼又叫凤凰楼。

道光为何拆除凤凰墩

清道光皇帝由于所生子女中女多男少，心里一直很烦闷。一天，他召来一位风水先生给他看看是不是哪里的风水有问题。风水先生说凤凰墩属阴，其上建凤凰楼，拜凤凰神是阴上加阴，皇帝女儿多儿子少的问题出在这里。于是道光下令拆了凤凰楼，撤了神位。

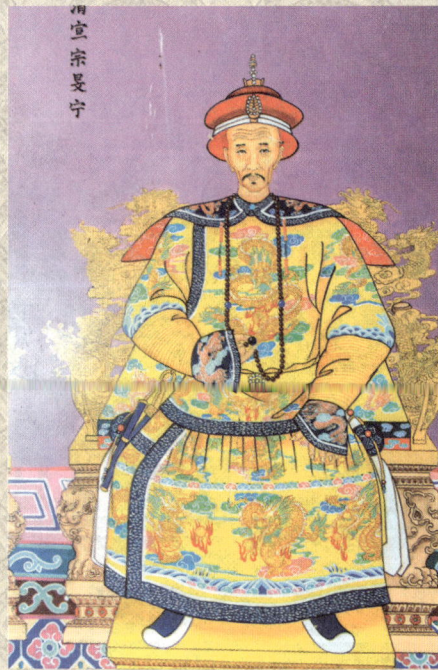
▲ 道光御笔

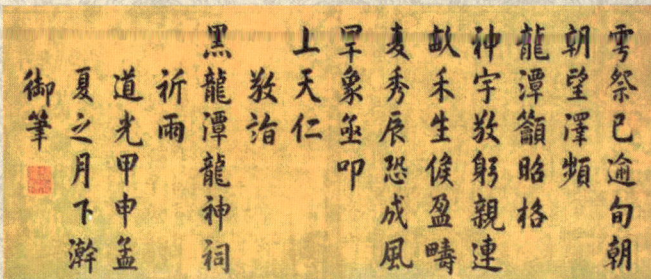
道光皇帝 ▶

颐和园西湖

颐和园中昆明湖水面就占了公园面积的 3/4。偌大的昆明湖分为大湖、西湖和后湖。其中颐和园西湖又叫"外湖"，以 728 米的西堤与大湖相隔开。西湖水域分为大、小两部分。面积较大的水域中有藻鉴堂岛，是园中三大两小五个岛屿中面积最大的岛屿，模仿的是三仙山中的方丈岛；面积较小的水域中有治镜阁岛，象征着仙山瀛洲岛，但如今的治镜阁岛因战乱被毁，后来清政府无力修复，使之成为一个荒岛。

▲ 颐和园西湖

治镜阁

治镜阁始建于乾隆二十年（1755 年），是一座圆形的水上城楼。"治镜阁"名字中的"治"是政治或治理的意思；而"镜"有明鉴、明察之意，合在一起便为"明察政治"之意。乾隆建此园是为了时刻提醒自己要以史为鉴、明察政事，治国安民切勿懈怠和骄傲。

清漪园时期，治镜阁曾是整个园林的三个制高点之一。治镜阁共有内、外两重圆形城墙，外城直径 59 米，设东、南、西、北四门，四门外湖畔各建有一座码头，城墙顶部设有四座观赏亭，亭与亭之间由 60 间游廊连接；内城直径 35 米，四面与外城相对也建有四座城门，内城顶部还建有一座三层的十字形楼阁，整个建筑可与佛香阁相媲美。1860 年治镜阁毁于战火。

藻鉴堂

　　藻鉴堂位于西堤南湖中,始建于乾隆年间,古人把选拔人才称为藻鉴,乾隆皇帝借以寓意人才难得。清漪园时期,藻鉴堂内有很多珍宝,1860年藻鉴堂被英法联军焚毁。1903年重修后,将其改为欧陆风情,并配有西洋厨师,慈禧在这里宴请驻华公使。中华人民共和国成立后,这里曾是中国画研究院筹备处,关良、钱松岩、宋文治、陆俨少等画家都曾在此作画。如今这里是北京市委老干部活动中心,虽在颐和园内,但不属于颐和园管辖范围,也严禁闲杂人等进入。

▲ 藻鉴堂岛

　　藻鉴堂区域主要有藻鉴堂、烟云舒卷殿、春风啜茗台三处建筑,光听名字就十分有意境。

▲ 畅观堂左配殿

▲ 畅观堂

畅观堂

　　畅观堂在颐和园的西南角、玉带桥西南,是乾隆时期仿杭州"蕉石鸣琴"景点建的,光绪二十三年(1897年)重建。

　　畅观堂主体建筑为面阔五间的两卷大殿,院内左右各有一座配殿和一座小亭,地势高,环境清幽,是当年乾隆皇帝眺望园外、观民稼穑的地方。

　　现存的畅观堂建筑群位于一座小土山上,四周树木环绕。正殿位于小土山的北侧,居中而建,大殿两边写有楹联,左联是"西山浓翠屏风展",右联是"北渚流银镜影开";东西两侧建有配殿,名"睇佳榭""怀新书屋"。正殿与配殿都四面出廊,正殿与配殿之间用转角游廊连接。在西配殿之南有一座八方重檐观景亭,在东配殿之南有一座单檐六角观景亭。

耕织图景区

耕织图位于颐和园西北部，一般游人都很少注意到，相对于别处游客的熙熙攘攘，这里算是一片清静之地。

耕织图原建于乾隆十五年（1750年），具有浓郁的江南水乡色彩。1860年，耕织图被英法联军夷为平地，景区中只剩一块乾隆手书的耕织

▲ 耕织图的荷花池

图石碑。慈禧挪用海军军费修建颐和园时，为掩人耳目，便在此新建水师学堂。从此，耕织图便一直未重建。1998年，政府投入资金对耕织图进行修建。2004年，消失100多年的耕织图重现于颐和园。如今，耕织图景区内主要有延赏斋、水村居、水师学堂、蚕神庙等景点。

澄鲜堂

澄鲜堂坐东朝西，始建于清乾隆十五年（1750年），西临玉河，河边建有码头，供帝、后从玉河泛舟来此上、下船之用。1860年该堂毁于英法联军的破坏，目前建筑为后来依据原貌重建的。站在澄鲜堂码头的石头台阶上，耕织图的美景尽收眼底，虽看不到传说中的稻田棋布、桑叶葳蕤之景，但是可以想象当年乾隆在这里驻足观看男耕女织、鱼跃鸢飞的欢快场面，心情一定非常愉悦。

▲ 澄鲜堂

▲ 澄鲜堂内景

延赏斋

延赏斋是当年乾隆皇帝观看农耕场面之所，其坐北朝南，临河而建，东西两侧建有游廊，共13间。廊中依照当年陈设而陈列了48块描绘农耕场面的仿制《耕织图》石刻。《耕织图》石刻包括《耕织图》21幅、《蚕织图》24幅及乾隆御题款、跋等3幅，共48幅。1860年，《耕织图》石刻被英法联军所毁，部分遗存被民国总统徐世昌据为己有，镶嵌在自家花园的墙壁上。1960年，这些残存的石刻被中国历史博物馆收藏。

▲ 延赏斋

耕织图

绘制耕织图是中国古代帝王、官府劝民勤农的重要形式之一，起源于南宋时期。清代，康熙、雍正年间均绘有耕织图各23幅。有意思的是雍正命画师所画的耕织人物以他本人及妃嫔为"模特"。

耕织图采用绘画的形式来记录古代耕作与蚕织的情景。每幅图画都配以简明扼要的诗文，对所描述的生产环节给予精练的注释和说明，形象生动、细腻传神地描绘了劳动者耕作与蚕织的场景以及详细的生产过程，成为宋朝以后封建社会发展农业、注重农桑的一种行之有效的宣教方法。

▲ 雍正皇帝农装像

▲ 耕织图石刻

《耕织图》石刻

《耕织图》石刻刻于清乾隆三十四年（1769 年），是以元程棨摹楼《耕织图》为蓝本，运用双钩法在石头上刻的耕图与织图，展现了我国古代"男耕女织"的农业社会现象。每块刻石长 53 厘米、高 34 厘米，加上乾隆皇帝御题款、跋共 48 块，存于圆明园多稼轩贵识山堂内。从此，清漪园建筑景观的内涵更具鲜明

▲ "耕织图的历史变迁"石

的盛世时代特色与审美艺术追求。《耕织图》石刻既满足了乾隆皇帝重视农桑的根本要求，又展示了乾隆皇帝作为诗人兼鉴赏家的深厚文化修养。现存刻石 23 块，其中 2 块已经全磨泐，还有 2 块存于中国国家博物馆陈列室内。

水村居

水村居是颐和园中最具有江南水乡风貌的建筑，始建于乾隆十五年（1750 年），1860 年被毁，直到 2003 年才被修复。相传乾隆皇帝在微服私访归来后，对江南水乡念念不忘，这才有了水村居。水村居三面环水，篱笆院落中小桥流水，古朴典雅，内设有美术馆、茶楼和贵宾接待室三部分，是游览途中聚会和休闲的好去处。

▲ 水村居

水村居大门

高挂大红灯笼的水村居颇有江南水乡的韵味。

"永和号"轮船

　　"永和号"是当年日本作为礼物赠送给慈禧太后的一艘近代轮船，1908年2月27日在颐和园龙王庙前举行献纳仪式，慈禧太后亲自将该船命名为"永和"。该船造型优美，并带有华贵的木雕装饰，颇有皇家风范。此后，该船由水师学堂的学员驾驶，曾承担在昆明湖中拖曳慈禧太后等乘坐的画舫等任务，可称是慈禧太后的"御舰"。清宫太监回忆，还有游湖中"永和号"搁浅，慈禧太后下令调查的记载。清朝灭亡以后，该船一直湮没在颐和园中，除了在1958年"大炼钢铁"中被拆除了上层舱室，总体保存完好。

▲ "永和号"轮船

▲ 昆明湖水操学堂大门

昆明湖水操学堂

　　光绪十二年（1886年），时任海军总理大臣的光绪生父醇亲王为了光绪皇帝能尽早掌权，积极配合慈禧太后重修颐和园以供其玩乐。因此，水操学堂成了重修颐和园的一块"遮羞布"。

　　光绪十二年水操学堂建成，并举行开学典礼，共招收36名学生，全部为八旗子弟。1895年，甲午战争中北洋水师全军覆没，水操学堂被迫撤销。目前设有五个展厅，分别展出不同的文物。其中，第三展厅暂时维修，没有开放。

　　第一展厅主要展出了各种清代农具模型，如桑杷、连枷、石屯、绢箩、笪箩、耦子等。

▲ 清代农具模型：耦子

▲ 清代农具模型：笪箩

▲ 清代农具模型：桑杷

第二展厅主要展出了一些史料、图卷等。

《玉带桥诗意图卷》（局部）▶

耕织图建筑的陈设册 ▶
（嘉庆、道光朝）

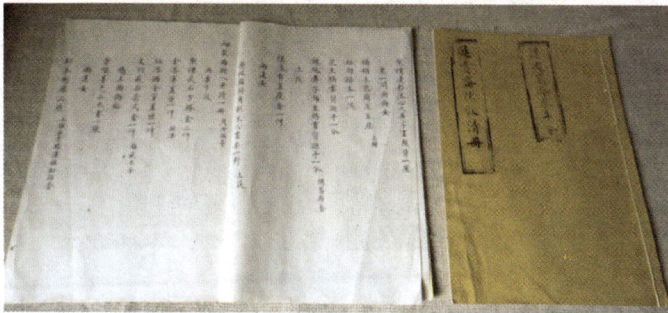

第四展厅主要展出了一些珍贵文物的史料及历史人物像等。

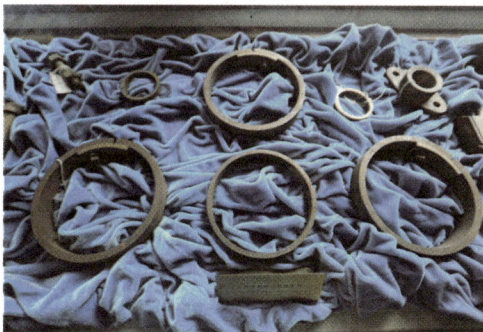

▲ "永和号"轮船的部分机械配件

▲ 海军三大臣（善庆、奕譞、李鸿章）

第五展厅主要展出了清漪园时期的一些建筑部件等。

清漪园建筑部件 ▶

雍正皇帝农装像

雍正帝非常重视农业，继续执行先皇发展生产的政策，鼓励开荒、种田。

{ 181 }

▲ 蚕神庙大门

▲ 蚕神庙

蚕神庙

蚕神庙位于颐和园耕织图景区，始建于清乾隆年间，清漪园时期每年农历九月，织染局在此祈祀蚕神。1860 年该庙被英法联军烧毁，2003 年得以复建。整个庙宇坐北朝南，由庙墙、山门和正殿组成，院内有幡杆。正殿三开间硬山顶，前出抱厦，里面供奉五位蚕神的牌位。主位（中间）为黄帝元配西陵氏嫘祖之神位，两侧为民间曾经供奉的蚕神，从东至西依次是蚕姑之神位、马头娘之神位、苑窳妇人之神位和寓氏公主之神位。

▲ 被居民房屋包围的耕织图石碑

昆仑石

昆仑石全称昆仑石碑，是由乾隆皇帝题字的一种刻石。此类石碑之所以被命名为昆仑石，并非此石产于我国青海、新疆和西藏地区的昆仑山脉，而是因为古人对昆仑山的敬畏。古人将昆仑山视为中国第一高山、神山、万山之祖、龙脉之祖。

耕织园内的昆仑石立于清乾隆十六年（1751年），是 1860 年清漪园遭到英法联军破坏后仅存的一块石碑。此碑现位于新建院区的东北，坐北朝南。碑高 1.90 米、宽 1 米、厚 0.64 米，基座高 0.65 米、长 2.60 米、宽 1.05 米。碑石上刻有乾隆题写的"耕织图"和五首诗词。

颐和园的"金主"——海军衙门

清朝原有旧式水师,没有近代海军。然而两次鸦片战争的侵略者都是从海上打来,所以从19世纪60年代开始,清政府利用洋务运动开始加强编练海军和筹建海防。1884年,清政府建立起北洋水师(军舰15艘)、南洋水师(军舰17艘)和福建水师(军舰11艘),三者各归节制,互不统辖。1885年4月中法战争后,清政府的官员一致同意设立统领各路海军的专门衙门,并于1885年10月成立了总理海军事务衙门(简称"海军衙门"),统一海军指挥权,总管海军、海防事宜。海军衙门以醇亲王奕譞为总理,李鸿章等为会办,实权在李鸿章手中。李鸿章花了数以千万计的巨款采购外国军舰、大炮,建设旅顺、威海卫军港,聘请外国教官。到1888年,清朝成立了北洋舰队,组建了一支强大的海军力量。由于经费不足(用于修建圆明园等工程)等因素,1894年甲午战争中北洋舰队全军覆没,从而宣告了历时30多年的洋务运动的破产。1895年3月,海军衙门被裁撤。

▲ 奕譞(右)与载沣

先天不足的北洋水师

北洋水师又称北洋海军,是清政府建立的第一支近代化的海军舰队。

在当时中国饱受列强蹂躏的背景下,发展北洋水师是刻不容缓的事情。可是从一开始建立北洋水师就遇到了种种坎坷,首先是我国近代海军人才匮乏,走了很多弯路才摸索出发展近代海军的正确道路。同时遭到了以翁同龢为首的清流派的反对,加上北洋水师掌门人李鸿章与南洋水师掌门人沈葆桢激烈的派系斗争,以及海军军费的极度匮乏,北洋水师的建立充满了坎坷与辛酸。此外,在清王朝腐败的政治环境的侵蚀下,北洋水师渐渐失去了成立之初的朝气,北洋水师的官兵迅速腐化,军队失去纪律性,甚至出现了用军舰载客赚钱的行为。北洋水师提督丁汝昌在威海卫基地的刘公岛上置办地产赚钱,其他将士的情况可想而知。再加上北洋水师在指挥和作战上的缺陷,注定了北洋水师的失败。1894年甲午战争中北洋舰队全军覆没。这一惨状折射出一个王朝的衰败,也反映了中华民族在求索道路上的困难重重。

▲ 北洋水师掌门人李鸿章

东堤

东堤位于昆明湖东侧，北起文昌阁，南至绣漪桥，是乾隆年间修建的一条人造长堤。东堤的前身为畅春园的西堤，乾隆扩建昆明湖后成为昆明湖的东堤。东堤上的一块大昆仑石上有乾隆御制《西堤诗》，堤上有廊如亭、铜牛等重要景观。

东堤沿岸遍植杨柳，微风起时，伴随昆明湖的波澜，杨柳摇曳生姿。站在东堤上可遥看对面的西堤，万寿山上的佛香阁甚至园外玉泉山上的玉峰塔也能依稀可见，别有一番情趣。

▲ 东堤游船

畅春园西堤

元代瓮山泊扩大至千余顷，因处于都城之西，又称"西湖"，所以城外高梁桥至玉泉山之东堤岸（因为都城低于湖泊，而此堤起防洪作用）也称为"西堤"。这西堤的北头就是乾隆诗中所提到的畅春园西堤。但因明代后期白浮河断流，对水利工程管理不力，这里的湖水风光黯然失色。乾隆四十九年（1784 年），乾隆皇帝对原有的西湖进行疏浚和扩展，恢复了"芙蓉十里如锦，香风芬馥，士女骈阗，临流泛觞，最为胜处"的美景，并决定在此建造清漪园。为园林布局的需要而扩展湖面，原有的西堤宽度缩小，改称东堤。

▲ 从东堤远眺万寿山

知春亭

知春亭位于昆明湖东岸、玉澜堂前的小岛上，为重檐四角攒尖顶。在知春亭可眺望全园景色，是颐和园的最佳观景点之一。亭畔遍植桃柳，春天桃花绽放、柳丝吐绿，向人们报告春的来临。"知春"的名字即来自"见柳而知春"，还有一种说法是"知春"二字源于宋代苏轼"春江水暖鸭先知"的名句。每年春天，昆明湖解冻都会从这里开始。

伫立亭中驰目纵览，浩瀚的昆明湖、壮丽的万寿山、挺拔的玉峰塔及西山群峰等历历在目，近景、中景、远景层次分明，犹如一幅绝妙的山水画，令人心旷神怡。

站在这里放眼望去，远处群山起伏，古塔耸立，远处的山叫玉泉山，盛产优质矿泉水，是专供紫禁城内的皇帝及后妃们饮用的。

远处的古塔叫玉峰塔，看着在园内，其实是在园外的玉泉山上，这种借用别处景色的造园方法称为"借景"。

▲ 知春亭正面

▲ 知春亭背面

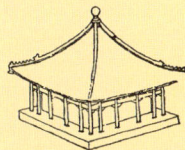

"雷先师"巧修知春亭

中国古典园林建筑以亭、台、楼、阁、廊、桥、舫、坊等为代表，而亭是其中最典型的代表，位列古建筑之首。亭在整个园林中有三种作用：一是作为不可缺少的点缀——点景；二是作为观赏其他风景的观景地；三是供游人休息和娱乐。

知春亭位于颐和园昆明湖东岸的知春岛上，是一座重檐四角攒尖顶的彩绘木构方亭。作为点景，知春亭给人秀丽、畅朗之感，而它的观景作用更突出，在整个颐和园中可谓独一无二。站在亭上，游人可获得极为豁朗的、大弧度环眺全园三面景物的极佳视角，北可远眺万寿山、佛香阁，西可远眺长堤、玉泉山、西山，南可远眺龙王庙、十七孔桥。如此一来，颐和园壮美的山水长卷就像扇面一样被游人尽收眼底了。

传说当年修建清漪园时，乾隆给清漪园工程图纸的设计者——"样式雷"家族的"雷先师"下令：要在园内修建一处可以欣赏到全园美景的观景亭。"雷先师"接到圣旨后一点儿也不敢怠慢，于是诚惶诚恐地来到清漪园工地实地考察，一连忙了四五天。然而，他无论怎么找也找不到建造观景亭的最佳地点。站在万寿山上，可以看到昆明湖和南湖岛，但无法将山前景色以及园子东面的景色收入视野之中；来到南湖岛上，这能欣赏到万寿山的风光，可是岛上的景色又不能被一眼全收；再来到西堤的话，万寿山和南湖岛倒是都在视野之内了，然而看不见西湖……这个问题可真是麻烦，"雷先师"为此一筹莫展，苦恼不已。

很快就到了第二年春天，这时整个清漪园建造工程即将竣工。有一天，愁眉苦脸的"雷先师"来到清漪园考察最佳建亭地址。当他来到昆明湖东边时，看见岸边堆着一些石头、河泥等废弃物，而一些民工正在往别的地方搬运这些废弃物。他走上废弃物堆积而成的"小山"，却意外发现了"天机"：从北向南，环顾三面，可纵眺全园景色，包括万寿山、"西堤六桥"、南湖岛、十七孔桥、廊如亭、玉澜堂、文昌阁等很多景点，而这不正是乾隆观景时想到看到的效果吗？

"雷先师"受到启发后，没费多大劲就画出了观景亭的图纸，并在十多天之内建造完工。亭子建成后，乾隆在文武大臣陪同下来到清漪园游览，并即兴题写了"知春亭"匾额。

▲ 柳树掩映的知春亭

文昌阁

文昌阁位于昆明湖东堤的起点，虽名为阁，但实际却是一座城关，是乾隆命人仿湖南岳阳楼而建，为三层式楼阁，故也称"小岳阳楼"。文昌阁得名于"文运昌盛"，"文昌"即文昌帝君，文昌帝君是道教中掌管功名利禄之神，受到古代文人的特别尊崇。清代中状元者有幸到颐和园一游时，必定要到文昌阁来拜谒文昌帝君。颐和园的造园设计中，在万寿山西麓宿云檐供奉关帝、在文昌阁供奉文昌帝君有文武辅政的寓意。1860年，文昌阁毁于英法联军的战火，光绪年间重建为两层建筑。文昌阁上层供有玉皇大帝，下层供有文昌帝君及其坐骑"特"（特是传说中的一种神兽"四不像"，似驴似马，非驴非马）。

被削矮的文昌阁

文昌阁是为了供奉文昌帝君而建的一种传统祭祀建筑。据道教和汉族民间传说，文昌帝君也叫文昌星或文星，是负责保护一方文风昌盛、掌管人间文运功名的上天之神。

颐和园的文昌阁位于昆明湖东堤北端，始建于清乾隆年间，重建于光绪年间。

原来的颐和园文昌阁是园内"六大城关"之首，也是一座园门，在建筑中起着画龙点

▲ 文昌阁

睛的作用。其余五座城关分别为紫气东来城关、宿云檐城关、寅辉城关、通云城关、千峰彩翠城关。

最初的颐和园文昌阁是三层楼阁建筑，城头四隅角廊呈"人"字形，装饰精美，极富特色，上面还挂着一座西洋大钟。此外，位于一旁的小亭子是重檐的。

现存的颐和园文昌阁是"庚申火劫"之后重建的。由于缺乏资金，所以复建时将原来三层的文昌阁修成了两层，导致如今的文昌阁比最初的文昌阁矮了一大截。

其实，重修后的颐和园景致大不如其前身——清漪园了。不仅文昌阁被削矮，其他许多建筑都比之前矮了很多，比如三层的香岩宗印之阁和两层的昙花阁都变成了单层建筑，甚至有些高层建筑也消失不见了，如治镜阁、凤凰墩、构虚轩、花承阁等。

文昌院

在文昌阁东面有一座四合院式的陈列馆，这就是我国古代园林中规模最大、级别最高、展品最多的文物陈列馆——文昌院。文昌院于 1998 年开工建造，2000 年完工，总投资 6000 万元，面积 5661 平方米。文昌院分为六个展区，陈列着从商周到清末的数千件珍贵文物，涉及青铜、玉器、瓷器、书画、钟表等诸多方面，其中传世孤品——商代三牺尊和西周白鼎以其年代久远、工艺

▲ 文昌院

精湛而被称为颐和园镇园之宝。院内珍藏的《古今图书集成》为我国现存最大的类书。院内还陈列了部分宫廷用品，是研究皇家生活的真实物证。另外值得一提的是院内还藏有民间艺术"泥人张"的九组泥塑作品，形象生动，相传已有百年历史。由于颐和园特定的皇家环境，这些艺术品代表了当时最高的工艺水平，许多珍品在当时即为国之重器。

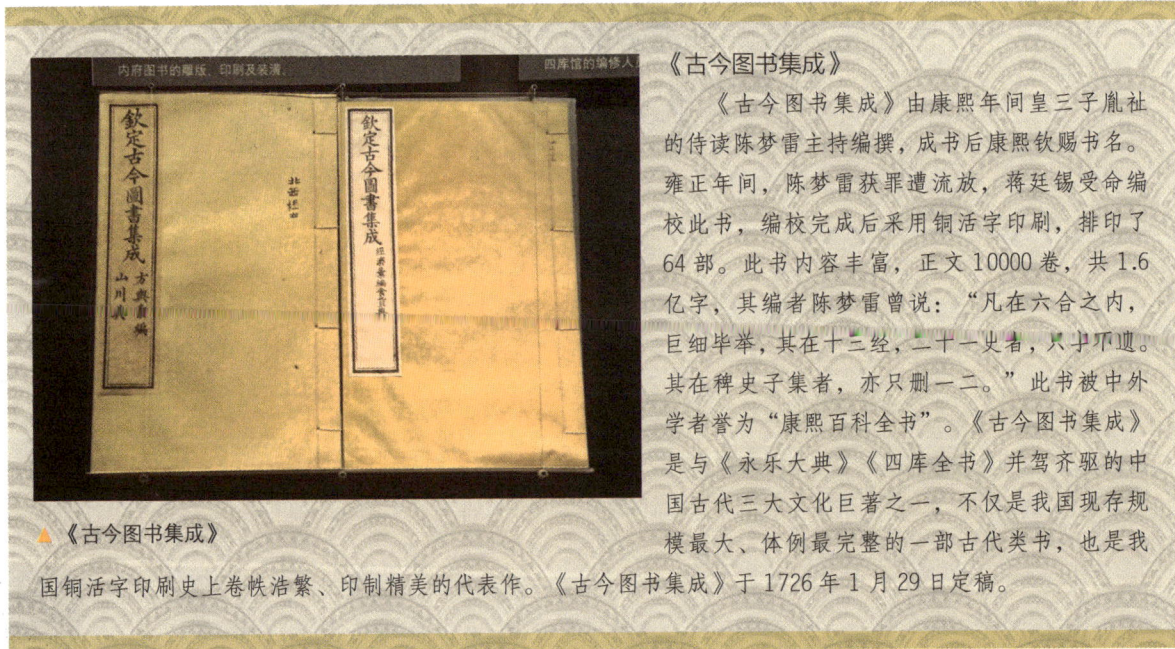

▲ 《古今图书集成》

《古今图书集成》

《古今图书集成》由康熙年间皇三子胤祉的侍读陈梦雷主持编撰，成书后康熙钦赐书名。雍正年间，陈梦雷获罪遭流放，蒋廷锡受命编校此书，编校完成后采用铜活字印刷，排印了64部。此书内容丰富，正文10000卷，共1.6亿字，其编者陈梦雷曾说："凡在六合之内，巨细毕举，其在十三经、二十一史者，只字不遗。其在稗史子集者，亦只删一二。"此书被中外学者誉为"康熙百科全书"。《古今图书集成》是与《永乐大典》《四库全书》并驾齐驱的中国古代三大文化巨著之一，不仅是我国现存规模最大、体例最完整的一部古代类书，也是我国铜活字印刷史上卷帙浩繁、印制精美的代表作。《古今图书集成》于1726年1月29日定稿。

文昌院院门

文昌院有一扇院门。若进此门游览，持通票者无须再买票；若无通票，须另购票。院门之上有绿色植物缠绕，显得清新、高雅，富有历史韵味。

▲ 文昌院建筑局部

▲ 文昌院院门

院前影壁

在文昌院大门前有一座灰色影壁，颇有气势。影壁又称照壁，古称萧墙，是中国传统建筑中用于遮挡视线的墙壁。另外，古人认为影壁也可以辟邪，烘托气氛，增加住宅气势。

▲ 文昌院门前影壁

"文昌院"匾额

院昌文

"圣集大成"匾额

成大集聖

颐和园珍宝展览

作为中国乃至全世界久负盛名的皇家园林，人们提到颐和园，首先想到的常常是碧波荡漾的湖光山色、金碧辉煌的亭台楼阁。万寿山、昆明湖、佛香阁、长廊、石舫、铜牛等精美绝伦、脍炙人口的景观曾令无数人心驰神往。但是，也许很多人并不知道，颐和园所藏文物种类繁多、品质上乘，与园中山石、水系、古建筑、植被并重，是颐和园作为世界文化遗产所不可分割的一部分。颐和园所藏各类文物共计4万余件，其中不乏珍品。

▲ 宋代白玉卧鹿

综合馆

文昌院为三进二院，第二进殿正中的"圣集大成"殿为综合馆，主要陈列玉器、珐琅、瓷器、根雕等，形式多样，琳琅满目。

▲ 清代掐丝珐琅镂空云龙纹龙耳转心瓶

▲ 清乾隆粉彩百鹿尊

▲ 清代竹根雕仙人泛槎

书斋

文昌院第二进东配殿为书斋，藏有清代康熙年间陈梦雷主持编撰的《古今图书集成》。书斋内有办公桌、座椅、钢琴等，一派书香气息。

书斋 ▶

聚珍馆

文昌院第二进西廊庑为聚珍馆，藏有各种珍奇文物。

慈禧与汽车

老佛爷坐汽车的故事，在中国可谓人尽皆知，以至于我们都是把它当成笑话来听的，但是这个故事里面却包含着一些重要的历史信息。

清光绪二十七年（1901年）是农历辛丑年，为了庆祝慈禧太后66岁寿辰，满朝文武大臣争着给慈禧敬献贵重的寿礼。其中，直隶总督袁世凯送来的寿礼最新颖独特，那就是一辆进口的美国汽车——"图利亚（DURYEA）"。

▲ 清宫仅存的早期进口轿车

关于"图利亚"，一种说法认为它是传入中国的第一辆汽车，1901年经香港进入中国内地；另一种说法认为它是匈牙利人李兹纳经上海引进中国的，时间是1902年。据考证，"图利亚"这一品牌诞生于1896年，当时共生产了13辆，全部采用手工组装而成，动力为汽油机，应该是美国最早的汽车，设计者为美国马萨诸塞州的查理森利、法兰克兄弟。如今这种品牌早就绝迹了。

就在慈禧寿诞那天，她第一次见到"图利亚"，第一次听说这玩意儿不要马拉就能跑。于是，她下令在场的德国司机开车，以图新鲜。看着汽车轰隆隆地跑起来，慈禧大开眼界，喜出望外。接着，她问道："这车跑得这么快，要吃很多草吧？"德国司机答道："它不吃草，烧的是油。"

由于对洋司机不放心，慈禧让李莲英招纳中国汽车学员，最后选中了京郊哈德门的孙富龄。孙富龄脑子灵活，很快学会了开车，成为慈禧的御用司机。此后，慈禧经常让孙富龄驾车带她外出游玩。

某天，慈禧因为坐着"图利亚"玩得特别高兴，于是赏给孙富龄一大碗酒。孙富龄受宠若惊，端起酒碗一饮而尽。接着，"图利亚"再次发动起来。意外的是，一个小太监从前方突然冒出来。孙富龄此时正好醉意来袭，情急之下竟找不到刹车的位置。结果，那个小太监不幸被撞死了。由此，中国历史上出现了第一起"酒驾肇事案"。

"图利亚"出事之后，群臣议论纷纷。部分老臣们联名上书慈禧太后，认为开车的奴才不能和太后平起平坐，这样有失大清体统。慈禧听后下令拆掉司机座椅，让司机跪着开车。孙富龄担心跪着开车会出事，搞不好会脑袋搬家，于是干脆用破棉絮堵死汽车油管，谎称汽车已坏。

后来，慈禧没再提起"图利亚"。孙富龄害怕事情败露，举家逃到南方隐居了起来。但是，"图利亚"却被保存了下来，如今它作为"中国头号汽车古董"就停放在颐和园里的德和园。

19 世纪法国汽船式风雨寒暑表

清代竹根雕凤凰

玉器馆

文昌院第二进东配殿为玉器馆，藏有各种精美玉器，栩栩如生，价值连城。

▲ 清嘉庆青玉瑞兽

▲ 清代青玉雕"福禄寿"纹砚屏

铜器馆

文昌院第二进西配殿为铜器馆，陈列自商朝以来的各种青铜器，精美异常。

▲ 汉代鱼纹壶　　▲ 春秋时期羽纹牲首瓿

耶律楚材祠

耶律楚材祠初建于元代，位于昆明湖东岸、仁寿殿以南、文昌阁以北，现仅存墓穴及三间殿房。殿房内有泥像一尊、供桌一张。庭院中竖有一尊翁仲（石人）及一座清乾隆御制碑。

耶律楚材祠是北京西郊一带的著名古迹，自元明以来，不少人来此凭吊题咏，留下很多佳作。墓前原有石翁仲，因夏夜流萤齐集眼部，当地人视为怪异，将之推入水中。后因造园，祠、墓均被山土覆盖。清乾隆帝营建清漪园时，在原地恢复其旧貌，立碑记其沿革，并褒彰耶律楚材的功绩。现存建筑系光绪年间重修，飨堂、墓室一如旧制。

▲ 耶律楚材祠

耶律楚材墓的传说

耶律楚材（1190—1244），字晋卿，契丹族，辽皇族子孙，为蒙古成吉思汗、窝阔台汗及乃马真皇后时期重臣，元朝开国元勋。耶律楚材博览群书，天文、地理、历法、数学、医学等无不精通，被称为"治天下匠"，为蒙古国的发展做出了重要贡献。他死后按其生前要求葬于瓮山泊畔。

▲ 耶律楚材

耶律楚材墓日后成为北京西郊的名胜古迹，曾吸引众多文人墨客来此凭吊和题咏。墓前原来有一块"石翁仲"（石人像），因为每年夏夜，石像眼部经常会有萤火虫聚集，所以被附近的乡民视为鬼异之事，于是将石像推入了水中。明代，此地造园，墓和祠均被覆盖。

清朝乾隆年间，乾隆打算在翁山一带修建清漪园，然而大兴土木之时在翁山阳坡上挖出了一块石门。关于石门的消息很快不胫而走，传言四起。有人说石门里面安装着一支强弩，只要门一打开，毒箭便射出；也有人说石门里面是一条小溪，门口停着一只小船，乘坐小船进到最里面后会连人带船一起翻进深渊；还有人说石门里面是一个无底洞……

乾隆得知石门之事后，为尽快建成清漪园，出重金悬赏开启石门者。俗话说"重赏之下，必有勇夫"，石门最终被打开了。然而，石门里面没有传言里说的任何"机关"，倒是有一副石头棺材，其中的墓主人已经变成骨架，陪葬品是一石匣黄金和一石匣白银。可是，墓主人没有墓碑，只在石门上留下一行小字：我本长白女真人，左有金米右有银。后世英主施恩典，教我永住湖水滨。

听说石棺一事后，乾隆也很纳闷，于是找来群臣询问。满朝文武大臣之中只有刘墉揭开了谜底：石棺主人乃元朝宰相耶律楚材，为辽国女真族皇室后裔，身长八尺，美髯宏声，脑瓜大，而且满腹经纶，有安邦治国之才。据说，他死后就葬在翁山这块风水宝地。因为担心日后翁山被皇室辟为园林，所以他很有先见之明地留下了"后世英主施恩典，教我永住湖水滨"的话，意思是让后世英主不要把他的坟迁到瓮山泊之外的地方。

得知真相后，乾隆恍然大悟，于是在瓮山泊恢复了墓地，新修了祠堂，并且御制了《耶律楚材墓碑记》。就这样，耶律楚材墓、耶律楚材祠共建于一座小庭院中，院门西向，面对昆明湖，供后人瞻仰。

"耶律楚材祠"匾额

耶律楚材是契丹族人，蒙古帝国杰出的政治家、宰相。他的名及字均取自《春秋左氏传》中的"楚虽有材，晋实用之"的典故。

清朝皇家园林中为何有前朝大臣的陵墓

　　不少人难免疑惑：为何清代帝王的行宫御苑中居然保留了元朝大臣的墓地？这在中国历史上亦属罕见。

　　乾隆修建清漪园时发现了耶律楚材的棺木。乾隆考虑到蒙古人入主中原建立元朝，将汉族置于自己的统治之下，与清朝入关统治全国的情况相似，而耶律楚材的所作所为恰恰起到了稳定社会的作用。因此，他充分肯定了耶律楚材在历史上的功绩，不仅没有下令迁坟或平坟，反而特意将其墓留在园内并加以保护。这样，耶律楚材墓就一直保存在清朝的皇家园林中。

铜牛

　　在昆明湖东堤上靠近十七孔桥的地方，有一只和真牛大小一样的铜牛卧在碧水旁，神态机警地巡视着广阔的昆明湖和远处的万寿山。

　　铜牛始建于乾隆二十年（1755年），因全身为铜制，并在铜身上镀金，而古代称铜为金，故称"金牛"。乾隆仿大禹治水的故事命人筑此牛 "永镇悠水"，希望给园内和周围的百姓带来福祉，现有其御制铭文《金牛铭》刻于铜牛背上，"夏禹治河，

▲ 铜牛

铁牛传颂，义重安澜，后人景从。制寓刚戊，象取厚坤。蛟龙远避，讵数鼍（音驮）鼋（音元）。潆（音湾）次昆明，潴流万顷。金写神牛，用镇悠永。巴邱淮水，共贯同条。人称汉武，我慕唐尧。瑞应之符，逮于西海。敬兹降祥，乾隆乙亥"。

　　此外，铜牛还有监测水位的作用。铜牛所在的地基比紫禁城高10米，通过此处的水位就可知道皇宫城墙的水位线，以便根据不同的情况采取相应的措施。

▲ 东堤上的昆仑石碑

昆仑石碑

　　昆仑石碑是指乾隆年间制作的一种形态独特的石碑，专门用于刻录乾隆的诗文和题字，上写有乾隆御制《西堤诗》："西堤此日是东堤，名象何曾定可稽。"

　　东堤上的昆仑石碑于清乾隆二十九年（1764年）放置在清漪园（现颐和园）昆明湖东岸铜牛北侧，坐西朝东，迄今已有250多年。1860年英法联军将清漪园焚毁，但此碑石仍留在原处。碑石高1.85米、宽0.94米、厚0.60米，碑座高0.65米、长2.60米、宽1.06米。石碑两侧各有一个0.46米×0.45米的孔穴。

廊如亭

廊如亭位于昆明湖东堤中部、十七孔桥的东侧，是一座巨大的八角重檐亭，俗称八方亭或八角亭。此亭占地面积达 384.95 平方米，柱高 4.29 米，是我国古建筑中最大的亭式建筑。此亭建于乾隆十七年（1752 年），因体积庞大、周围视野开阔而得名"廊如"。1860年毁于英法联军的侵略战火，1888年按原样重建，其旧名不变。

▲ 廊如亭

廊如亭内景

廊如亭内有八块"诗意匾"，其中两块为乾隆皇帝御制诗句，其余为光绪年间的大臣摘录《文心雕龙》中的佳句以歌咏太平。廊如亭与十七孔桥对面的南湖岛隔桥相望，首尾呼应，构成一道亮丽的风景。

在我国园林艺术中，亭向来以造型小巧玲珑、秀丽妩媚为美，像廊如亭这样大型的亭并不多见，为何这座亭子要建这么大呢？

中国古代园林讲究对称和平衡，十七孔桥西侧的南湖岛面积有一公顷，上面有龙王庙、涵虚堂、鉴远堂等建筑，因而需要桥西侧有一座大型建筑和它对称才显得平衡，廊如亭就这样应运而生了。

▲ 廊如亭"诗意匾"之一

▲ 廊如亭"诗意匾"之二

十七孔桥

十七孔桥横亘在南湖岛和东堤之间，如长虹偃月倒映水面，因其有十七个孔洞而得名。十七孔桥始建于乾隆十五年（1750年），是我国皇家园林中现存最大的石桥。桥全长150米，桥宽8米，桥栏上仿卢沟桥而雕有544只石狮，其工艺水平和数量都超过卢沟桥。两端桥头也有四只神兽石雕，形象生动，颇有气势。

▲ 落日下的十七孔桥

十七孔桥的孔洞中属中间的第九孔最大，孔洞大小依次向两边递减，对称排列。

十七孔桥为什么有17个桥洞呢？那是因为古代有阴阳之说，"九"为纯阳之数，素有"九九重阳""九九归一"之说，就连皇帝也称为"九五至尊"。十七拱桥的桥孔无论从哪一边数，其正中间的大孔都是"九"，所以此桥建有17个桥洞。

▲ 十七孔桥的石狮

▲ 十七孔桥桥头的石雕神兽

十七孔桥的石狮总计有544只，比卢沟桥的狮子还多59只，是中国石狮最多的一座桥梁。

十七孔桥上的石雕极其精美，桥两边的白石栏杆上立有128根望柱，每根望柱上都雕有形态各异的石狮，有的母子相抱，有的玩耍嬉戏，有的你追我赶，有的凝神观景……个个栩栩如生，十分有趣。另外，十七孔桥的两头伫立着四只石雕神兽，形象威猛，极为生动。

十七孔桥修建典故

相传，在乾隆年间修建十七孔桥的时候，有一天修桥工地上来了一个老头，头发很长，脸上粘着一层很厚的土。工地上的人看他那一身打扮都以为他是疯子，谁也没搭理他。

老头背着工具箱离开了工地，来到六郎庄一棵大槐树下，就在那里安顿了下来。他夜里就睡在树底下，每天鸡叫就起身，抡起铁锤，叮叮当当地凿那块龙门石。

住在村西的王大爷从这儿路过，见那个老头很可怜，就让他搬到自己家里住。

老头在王大爷家整整住了一年，也叮叮当当地凿了一年龙门石。后来他走的时候便把这块石头留给了王大爷，以感谢他一年来的照顾。

颐和园里修建十七孔桥的工程快完工了，但桥顶正中间那块石头怎么也凿不好、砌不上。这可急坏了工头。这时候，有人提起了那个卖龙门石的老头，工头立即派人去找他。

后来工头听说老头在王大爷家住过，便匆匆赶来了。他一眼看到窗底下那块龙门石，蹲下来量了量尺寸，结果是长短薄厚一丝不差，就好像专为修桥打磨的一样。这块龙门石砌在十七孔桥上不偏不斜，严丝合缝，龙门终于合上了！

工匠们都纷纷议论，这是鲁班祖师爷下凡来帮忙雕琢的啊！从此，鲁班爷帮助修建十七孔桥的故事就流传开了。

▲ 远眺十七孔桥

十七孔桥的石狮

绣漪桥

　　绣漪桥位于颐和园的南如意门内侧附近，形似西堤玉带桥，但比后者更高大。绣漪桥桥身长 32.2 米，全长 44.8 米，宽 5.8 米，桥埞外口宽 19 米，高 9 米，两侧各有 43 级台阶，为汉白玉构造。桥额上有"绣漪桥"三字，桥身南北两侧各镌有一副对联，南侧为"螺黛一丸银盆浮碧岫　鳞纹千叠璧月漾金波"，北侧为"路入阆风云霞空际涌，地临蓬岛宫阙水边明"，均为乾隆皇帝御笔。

▲ 绣漪桥之一

▲ 绣漪桥之二

昆玉河

　　昆玉河南起自密云水库白河主坝以南的调节池，北入怀柔水库，下游流经颐和园的昆明湖，在海淀区罗道庄与永定河引水渠相汇合，是贯穿北京西部城区的重要水系，拥有源远流长的历史。

▲ 昆玉河

　　昆玉河旅游线路南起玉渊潭公园的八一湖，北至颐和园昆明湖，全长约 10 千米，囊括了玉渊潭公园、颐和园、中华世纪坛、中央电视塔、世纪金源购物中心、玲珑塔、西钓鱼台、万柳高尔夫社区等景观，极富节奏感。但是这些景点与昆玉河之间没有形成一个完整的旅游体系，可达性比较差。

南湖岛

南湖岛位于昆明前湖，建于乾隆十四年（1749年），面积一万多平方米，是湖中最大的岛。因人们习惯上把昆明湖分为东湖和南湖，此岛因位于南湖而得名。

▲ 南湖岛

南湖岛呈圆形，与西堤西侧的藻鉴堂、外湖中的治镜阁一起组成传说中的东海"蓬莱""方丈""瀛洲"三仙岛，因而南湖岛也称"蓬莱岛"。

南湖岛与万寿山隔湖相望，起着画龙点睛、丰富水面的作用。岛上现有龙王庙、涵虚堂、月波楼、云香阁、鉴远堂、澹会轩等建筑，均为毁后重建。岛北部的涵虚堂叠山为石，与万寿山上的佛香阁遥相辉映，为岛中的主体建筑，是帝、后观看水师表演的地方。

南湖岛的奇特形状

据说当年为乾隆修建清漪园的是人称"赛鲁班"的雷发达，他心灵手巧，为很多达官贵人建过房子。雷发达主持修建清漪园后，没日没夜地干，连回家的工夫都没有。一天从家里传来消息，说儿子病得很重。雷发达思儿心切，便去找监工请假。但监工不准，雷发达被逼无奈，便想预支一点工钱寄回去给儿子治病。监工以没有这种先例为由，还是不准。没过几天，传来噩耗，孩子由于治疗不及时死了。他的老母亲心疼孙子，旧病复发也去世了。雷发达悲痛万分，本想一走了之！但他又一想，这可能会牵连众多无辜的工友，还是忍忍吧，但他又实在咽不下这口气，于是想了一个办法。

等到修南湖岛的时候，雷发达改变了以前的图纸，把乾隆希望的"蓬莱仙岛"建成了无头无尾的乌龟形状，以此来讽刺皇家贵族就算活得再长也只是"千年王八万年龟"。后来乾隆来视察，当看到南湖岛和十七孔桥时，他的脸一下阴沉下来。雷发达早已准备了一套说辞，他心平气和地说："皇上，奴才没什么学问，但也听说过三国时期的曹操有一篇《龟虽寿》讲'老骥伏枥，志在千里。烈士暮年，壮心不已'。上古女娲用鳌的腿才得以支撑起天地。龟和鳌可都是长寿之物，我修的南湖岛不仅是蓬莱仙岛也是长寿的龟和鳌呀。"乾隆听完这番话不由乐了，赞赏了雷达发一番。从此，在皇家园林中就有了这么一道奇特的风景。

海上三仙山

传说在东海有三座神山——蓬莱、方丈、瀛洲,《史记·秦始皇本纪》上说:"齐人徐市等上书,言海中有三神山,名曰蓬莱、方丈、瀛洲。"据说这三座山上都是仙境,有长生不老药。传说汉武帝曾多次亲临山东半岛,寻找蓬莱仙境。

"词林春丽"匾额 ▶

广润灵雨祠

广润灵雨祠俗称龙王庙,位于南湖岛东南部,始建于明代,是园中最古老的建筑之一。"广润"是宋真宗诏封西海龙王的封号,而昆明湖在明代有"西湖"之称,故将龙王庙命名为"广润祠"。乾隆皇帝在此求雨灵验后改名为"广润灵雨祠"。

◀ 广润灵雨祠前牌坊

◀ 广润灵雨祠

涵虚堂

涵虚堂位于南湖岛北端，与万寿山隔湖相望，视野开阔。涵虚堂为单层建筑，因其建在由山石堆成的山峰坡顶，因而显得十分高大。

清漪园时期，此地为仿湖北武汉黄鹤楼而建的

▲ 涵虚堂

望蟾阁，后由于地基下陷，故将三层改为一层。1860 年，此堂被烧毁，光绪年间重建，曾为慈禧太后检阅水师演练的场所。

载沣生母刘佳氏

乾隆的望蟾阁

乾隆十五年（1750 年），有一个叫阿里衮的人到湖广去做总督，而当时乾隆已经开始修建清漪园了，阿里衮就想为皇帝做点儿什么，他知道乾隆修园子希望把全国各地的景色都挪过来，两广地区最有名的当然就是黄鹤楼了，于是他就在湖北购了些木材，仿照黄鹤楼做了一个建筑。这建筑的大小是按照 1∶1 的比例做的，做成以后再运到北京组装，组装以后就放在南湖岛上。这就是后来的望蟾阁。

黄鹤楼是江南三大名楼之一，现代重修前最后一个版本是清同治时期建的，共三层。乾隆年间南湖岛上的望蟾阁和它一模一样。今天，望蟾阁的遗址上是单层的涵虚堂。南湖岛失去了统领全局的高层建筑，整体景观也大打折扣。

▲ "涵虚堂"匾额

望蟾阁的原型黄鹤楼

黄鹤楼始建于三国时代东吴黄武二年（公元223年），是孙权为了实现"以武治国而昌"的军事目的而建造的，有"天下江山第一楼"的美誉。至唐代，这里逐渐演变为著名的景点，是江夏名士"游必于是，宴必于是"之地。历代文人墨客在此留下了脍炙人口的诗篇，其中以唐代诗人崔颢的《黄鹤楼》最出名。

古黄鹤楼为三层结构，楼阁上悬挂"南维高拱"匾额，可以在明代画家安正文所画武昌黄鹤楼图中领略其魅力。

如今的黄鹤楼是1981年重修的，已不是曾经的三层建筑样式，而是一座运用现代建筑技术修建的钢筋混凝土框架仿木结构的五层建筑。该楼为攒尖楼顶，金色琉璃瓦屋面，通高51.4米，底层边宽30米，顶层边宽18米，全楼各层有大型壁画、楹联、文物等布置。楼外有铜黄鹤以及胜像宝塔、牌坊、轩廊、亭阁等一批辅助建筑，将主楼烘托得更加壮丽。

▲ 武汉黄鹤楼

望蟾阁建筑为三层，高大挺拔，是仿造黄鹤楼所建。在嘉庆年间被拆改，所以今人无法见到清漪园时期望蟾阁的真容。但是我们可以从乾隆年间的宫廷画师张廷彦在乾隆十七年（1752年）前后画的《万寿庆典图》（清漪园部分）中了解望蟾阁的壮丽气势。

湖中赏月盛况

昆明湖总面积约2平方千米，是颐和园的重要组成部分。这里的景致可与杭州西湖相媲美。清晨霞光万丈，波光粼粼；白天明湖潆漾，山色倒影；傍晚夕阳西下，湖面镀金；夜间碧波映月，熠熠生辉。清皇室成员就爱在此泛舟赏月。乾隆皇帝在此泛舟时就写下"何处燕山最畅情，无双风月属昆明"的诗句。慈禧太后对昆明湖泛舟更是情有独钟。

▲ 昆明湖的黄昏景色

那时候的湖中赏月是怎样的一种胜景呢？《翁同龢日记》中曾经记载了光绪二十二年（1896年）八月十八日为了庆祝中秋节，宫廷举行了一次较大规模的游湖活动。当晚，慈禧太后、光绪皇帝与大臣们在德和园看完戏后就一起出来坐船。慈禧太后和光绪皇帝乘坐传统的龙舟，而大臣们乘坐"翔云号"轮船，其余官员都乘坐一种没有船篷的小船。等船开到湖心后，他们先欣赏盛开的万朵莲花，随后驶来一艘戏船，船上亮如白昼，搭建了方形戏台，接着船上演员就在众人面前唱戏。每当一剧结束，就会燃放烟花爆竹助兴，场面十分热闹。